Impressum

Verlag: BABADADA GmbH, Nedderfeld 112 , 22529 Hamburg

Geschäftsführer / Verlagsleitung: Harald Hof

Druck: Books on Demand GmbH, In de Tarpen 42, 22848 Norderstedt

Imprint

Publisher: BABADADA GmbH, Nedderfeld 112 , 22529 Hamburg, Germany

Managing Director / Publishing direction: Harald Hof

Print: Books on Demand GmbH, In de Tarpen 42, 22848 Norderstedt

ໂຮງຮຽນ
école

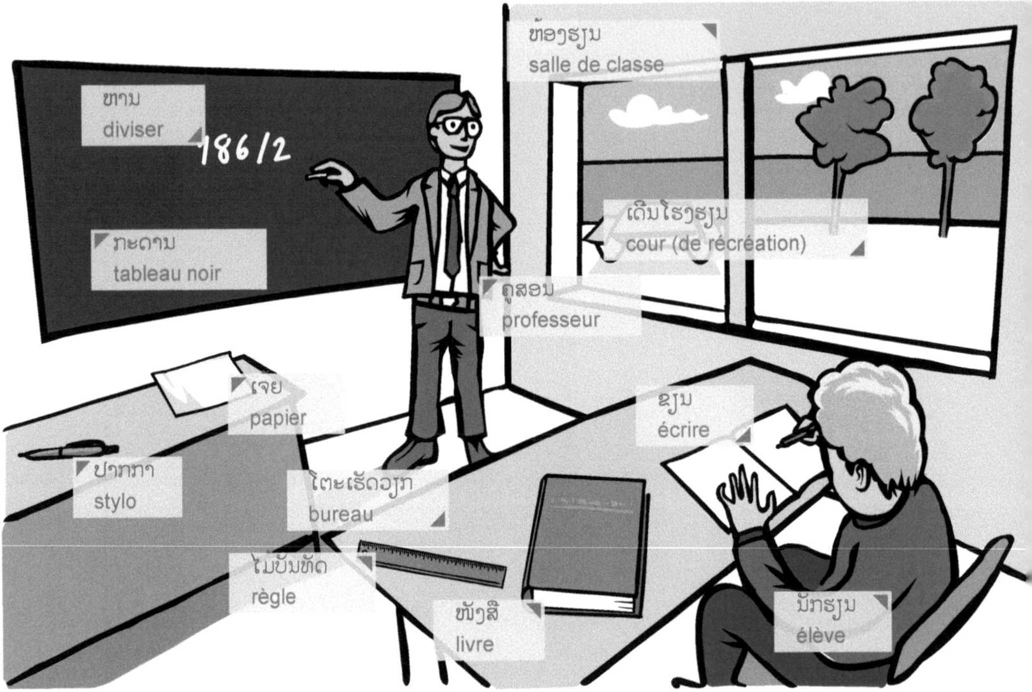
ຫ້ອງຮຽນ
salle de classe
ຫານ
diviser
186/2
ກະດານ
tableau noir
ເດີ່ນໂຮງຮຽນ
cour (de récréation)
ຄູສອນ
professeur
ເຈ້ຍ
papier
ຂຽນ
écrire
ປາກກາ
stylo
ໂຕະເຮັດວຽກ
bureau
ໄມ້ບັນທັດ
règle
ໜັງສື
livre
ນັກຮຽນ
élève

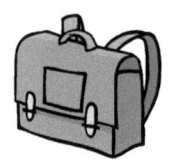

ກະເປົາໃສ່ປຶ້ມທີ່ມີສາຍພາຍ

cartable

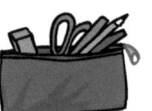

ກັບສໍດຳ

trousse

ສໍດຳ

crayon

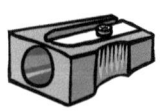

ເຄື່ອງແຫຼມສໍ

taille-crayon

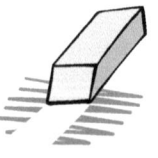

ຢາງລຶບ

gomme

ສະໝຸດແຕ້ມຮູບ

carnet à dessin

ພາບວາດ

dessin

ແປງທາສີ

pinceau

ກ່ອງສີ

boîte de peinture

ມີດຕັດ

ciseaux

ກາວ

colle

ປຶ້ມເຝິກຫັດ

cahier d'exercices

ວຽກບ້ານ

devoirs

ຕົວເລກ

chiffre

ບວກ

additionner

ລົບ

soustraire

ຄູນ

multiplier

ຄິດໄລ່

calculer

ຕົວອັກສອນ

lettre

ພະຍັນຊະນະ

alphabet

ຄຳສັບ

mot

ຂໍ້ຄວາມ

texte

ອ່ານ

lire

ສໍຂາວ

craie

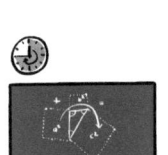

ບົດຮຽນ

leçon

ລິ່ງທະບຽນ

livre de classe

ການສອບເສັ່ງ

examen

ໃບຍັ້ງຢືນ

certificat

ຊຸດນັກຮຽນ

uniforme scolaire

ການສຶກສາ

formation

ປຶ້ມຮວບຮວມຄວາມຮູ້ສາລະພັດ

lexique

ມະຫາວິທະຍາໄລ

université

ກ້ອງຈຸລະທັດ

microscope

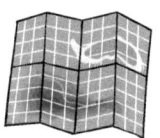

ແຜນທີ່

carte

ກະຕ່າໃສ່ເສດເຈ້ຍ

corbeille à papier

ໂຮງແຮມ
hôtel

ໂຮສເຫລ
auberge

ຂ່ອນແລກປ່ຽນເງິນຕາ
bureau de change

ກະເປົາເດິນທາງ
valise

ລົດຍົນ
voiture

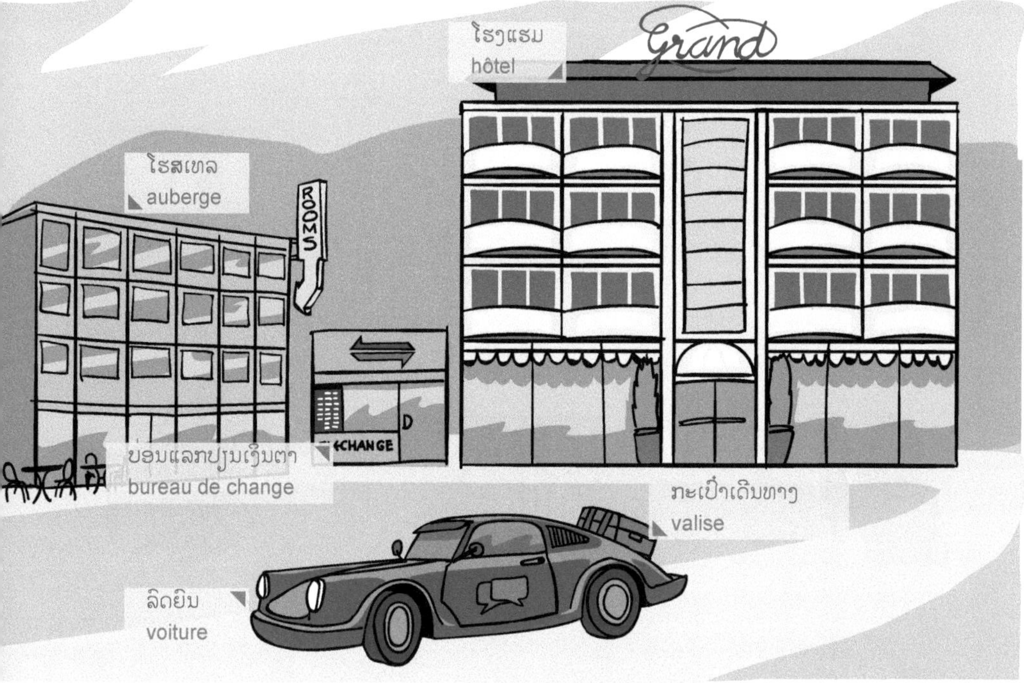

ພາສາ

langue

ແມ່ນ / ບໍ່ແມ່ນ

oui / non

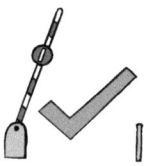

ຕົກລົງ

d'accord

ສະບາຍດີ

Salut

ນັກແປພາສາ

interprète

ຂອບໃຈ

merci

ລາຄາເທົ່າໃດ...?

Combien coûte...?

ຂ້ອຍບໍ່ເຂົ້າໃຈ

Je ne comprends pas

ບັນຫາ

problème

ສະບາຍດີຕອນແລງ!

Bonsoir !

ສະບາຍດີຕອນເຊົ້າ!

Bonjour !

ລາຕິສະຫວັດ

Bonne nuit !

ລາກ່ອນ

Au revoir

ທິດທາງ

direction

ກະເປົ໋າເດິນທາງ

bagages

ກະເປົ໋າ

sac

ກະເປົ໋າຫນາຍທັ້ງ

sac-à-dos

ແຂກ

hôte

ຫ້ອງ

pièce

ຖົງໃສ່ເຄື່ອງນອນ

sac de couchage

ເຕັ້ມ

tente

ຂໍ້ມູນນັກທ່ອງທ່ຽວ

office de tourisme

ຊາຍຫາດ

plage

ບັດເຄຣດິດ

carte de crédit

ອາຫານເຊົ້າ

petit-déjeuner

ອາຫານທ່ຽງ

déjeuner

ອາຫານແລງ

dîner

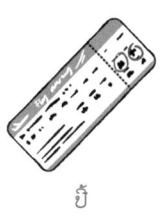

ປີ້

billet

ລິບ

ascenseur

ສະແຕມ

timbre

ພິມແດນ

frontière

ພາສີ

douane

ສະຖານທູດ

ambassade

ວີຊາ

visa

ໜັງສືຜ່ານແດນ

passeport

ຂົນສົ່ງ
transport

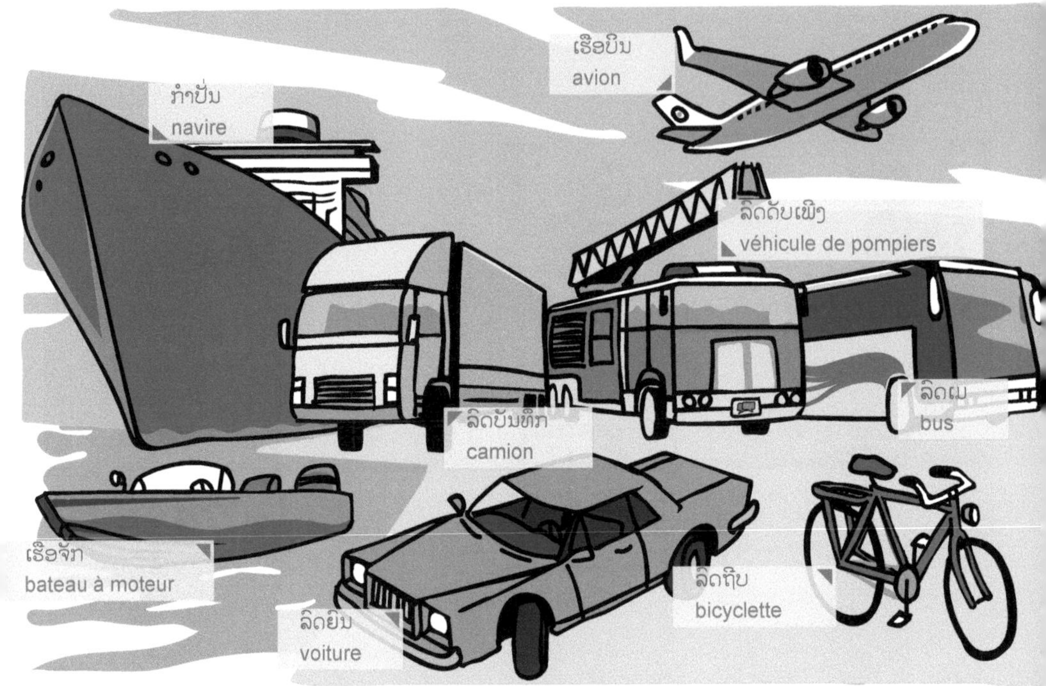
ກຳປັ່ນ
navire
ເຮືອບິນ
avion
ລົດດັບເພີງ
véhicule de pompiers
ລົດບັນທຸກ
camion
ລົດເມ
bus
ເຮືອຈັກ
bateau à moteur
ລົດຍົນ
voiture
ລົດຖີບ
bicyclette

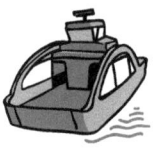

ເຮືອຂ້າມຟາກ

ferry

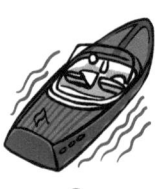

ເຮືອ

barque

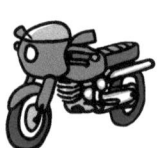

ລົດຈັກ

moto

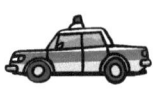

ລົດຕຳຫຼວດ

voiture de police

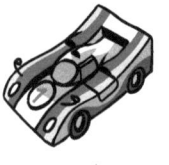

ລົດແຂ່ງ

voiture de course

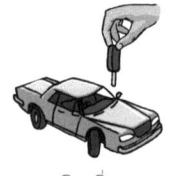

ລົດເຊົ່າ

voiture de location

ການແບ່ງປັນກັນໃຊ້ລົດ

auto-partage

ລົດລາກ

voiture de remorquage

ລົດຂົນຂີ້ເຫຍື້ອ

benne à ordures

ເຄື່ອງຍົນ

moteur

ເຊື້ອໄຟ

essence

ປັ້ມນ້ຳມັນ

station d'essence

ປ້າຍຈາລະຈອນ

panneau indicateur

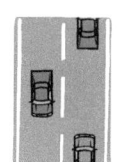

ການຈາລະຈອນ

trafic

ການຈາລະຈອນຕິດຂັດ

embouteillage

ບ່ອນຈອດລົດ

parking

ສະຖານີລົດໄຟ

gare

ລາງລົດໄຟ

rails

ລົດໄຟ

train

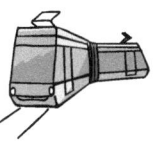

ລົດລາງ

tramway

ຕູ້ລົດໄຟ

wagon

ເຮລິຄອບເຕີ

hélicoptère

ສະໜາມບິນ

aéroport

ຫໍຄອຍ

tour

ຜູ້ໂດຍສານ

passager

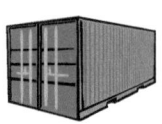

ຕູ້ບັນຈຸສິນຄ້າ

conteneur

ກ່ອງເຈ້ຍ

carton

ກວຽນ

chariot

ກະຕ່າ

corbeille

ເຮືອບິນຂຶ້ນ / ເຮືອບິນລົງຈອດ

décoller / atterrir

ເມືອງ

ville

ບ້ານ

village

ໃຈກາງເມືອງ

centre-ville

ເຮືອນ

maison

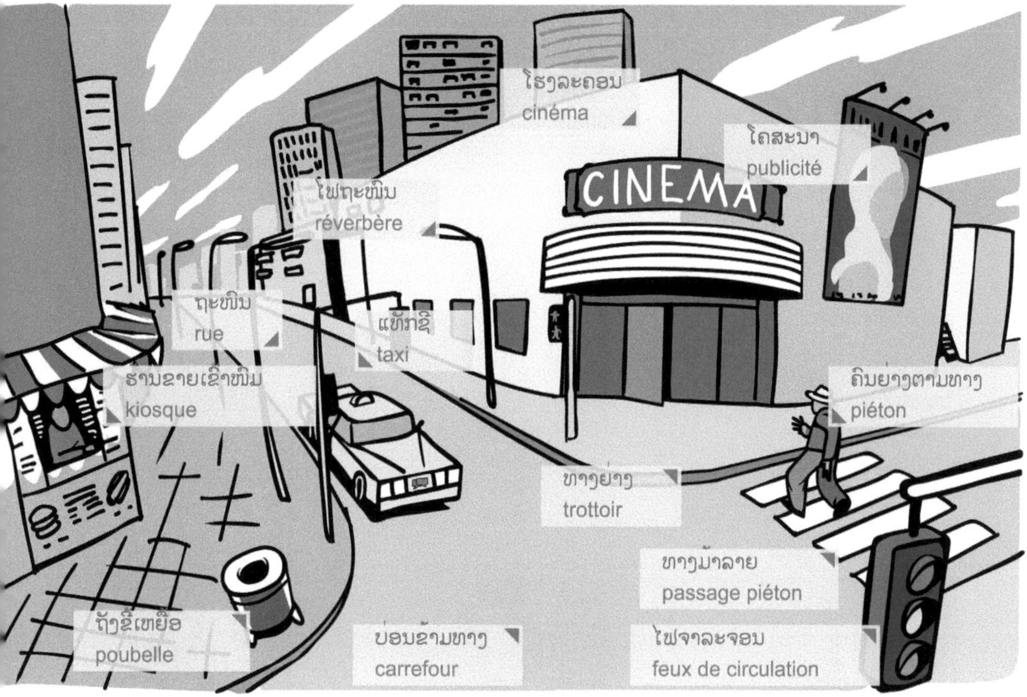

ໂຮງລະຄອນ
cinéma
CINEMA
ໂຄສະນາ
publicité
ໄຟຖະໜົນ
réverbère
ຖະໜົນ
rue
ແທັກຊີ
taxi
ຮ້ານຂາຍເຂົ້າໜົມ
kiosque
ຄົນຍ່າງຕາມທາງ
piéton
ທາງຍ່າງ
trottoir
ທາງມ້າລາຍ
passage piéton
ຖັງຂີ້ເຫຍື້ອ
poubelle
ບ່ອນຂ້າມທາງ
carrefour
ໄຟຈາລະຈອນ
feux de circulation

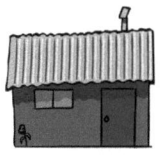

ຕູບ

cabane

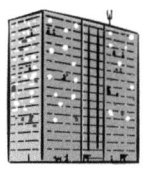

ແຟລດ

appartement

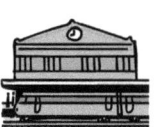

ສະຖານີລົດໄຟ

gare

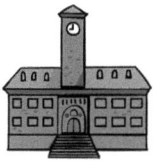

ໂຮງການເມືອງ

mairie

MUSEUM

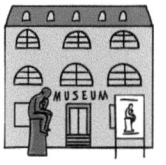

ຫໍພິພິດຕະພັນ

musée

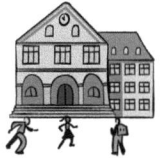

ໂຮງຮຽນ

école

ມະຫາວິທະຍາໄລ

université

ທະນາຄານ

banque

ໂຮງໝໍ

hôpital

ໂຮງແຮມ

hôtel

ຮ້ານຂາຍຢາ

pharmacie

ຫ້ອງການ

bureau

ຮ້ານຂາຍໜັງສື

librairie

ຮ້ານຄ້າ

magasin

ຮ້ານຂາຍດອກໄມ້

fleuriste

ຊຸບເປີມາກເກັດ

supermarché

ຕະຫຼາດ

marché

ຫ້າງສັບພະສິນຄ້າ

grand magasin

ຮ້ານຂາຍປາ

poissonnerie

ສູນການຄ້າ

centre commercial

ທ່າເຮືອ

port

ສວນສາທາລະນະ

parc

ແປ້ນມ້າ

banque

ຂົວ

pont

ຂັ້ນໃດ

escaliers

ລົດໄຟໃຕ້ດິນ

métro

ອຸໂມງ

tunnel

ປ້າຍລົດເມ

arrêt de bus

ຮ້ານຂາຍເຫຼົ້າ

bar

ຮ້ານອາຫານ

restaurant

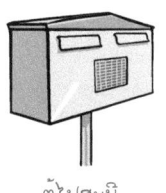

ຕູ້ໄປສະນີ

boîte à lettres

ປ້າຍຊີ້ທຣະທົນ

panneau indicateur

ມິເຕີເກັບຄ່າຝາກລົດ

parcmètre

ສວນສັດ

zoo

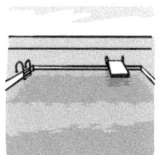

ສະລອຍນ້ຳ

piscine

ວັດມຸດສະລິມ

mosquée

ຟາມ

ferme

ມົນລະພິດ

pollution

ສຸສານ

cimetière

ໂບດ

église

ເດີ່ນຫຼິ້ນຂອງເດັກນ້ອຍ

aire de jeux

ວັດມຸດສະລິມ

temple

ພູມີປະເທດ

paysage

ໃບໄມ້
feuille

ປ້າຍບອກທາງ
panneau indicateur

ທາງ
chemin

ທົ່ງຫຍ້າ
pré

ກ້ອນຫິນ
pierre

ຕົ້ນໄມ້
arbre

ນັກເດີນທາງໄກດ້ວຍການຍ່າງ
randonneur

ແມ່ນ້ຳ
rivière

ຫຍ້າ
herbe

ດອກໄມ້
fleur

ຮ່ອມພູ

vallée

ເນີນເຂົາ

montagne

ທະເລສາບ

lac

ປ່າ

forêt

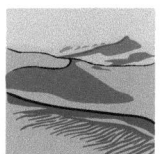

ທະເລຊາຍ

désert

ພູເຂົາໄຟ

volcan

ຫໍປະສາດ

château

ຮຸ້ງກິນນ້ຳ

arc-en-ciel

ເຫັດ

champignon

ຕົ້ນປາມ

palmier

ຍຸງ

moustique

ແມງວັນ

mouche

ມົດ

fourmis

ເຜິ້ງ

abeille

ແມງມຸມ

araignée

ແມງປິກແຂງ

coléoptère

ກົບ

grenouille

ກະຮອກ

écureuil

ເໝັ້ນ

hérisson

ກະຕ່າຍປ່າ

lièvre

ນົກເຄົ້າ

chouette

ນົກ

oiseau

ຫົງ

cygne

ໝູປ່າຕົວຜູ້

sanglier

ກວາງ

cerf

ກວາງໃຫຍ່

élan

ເຂື່ອນ

barrage

ພາກາປືນ

éolienne

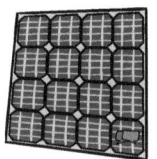

ແຜງໂຊລາເຊລ

panneau solaire

ສະພາບອາກາດ

climat

ພູມິປະເທດ - paysage

ຮ້ານອາຫານ

restaurant

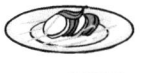

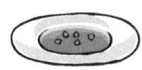

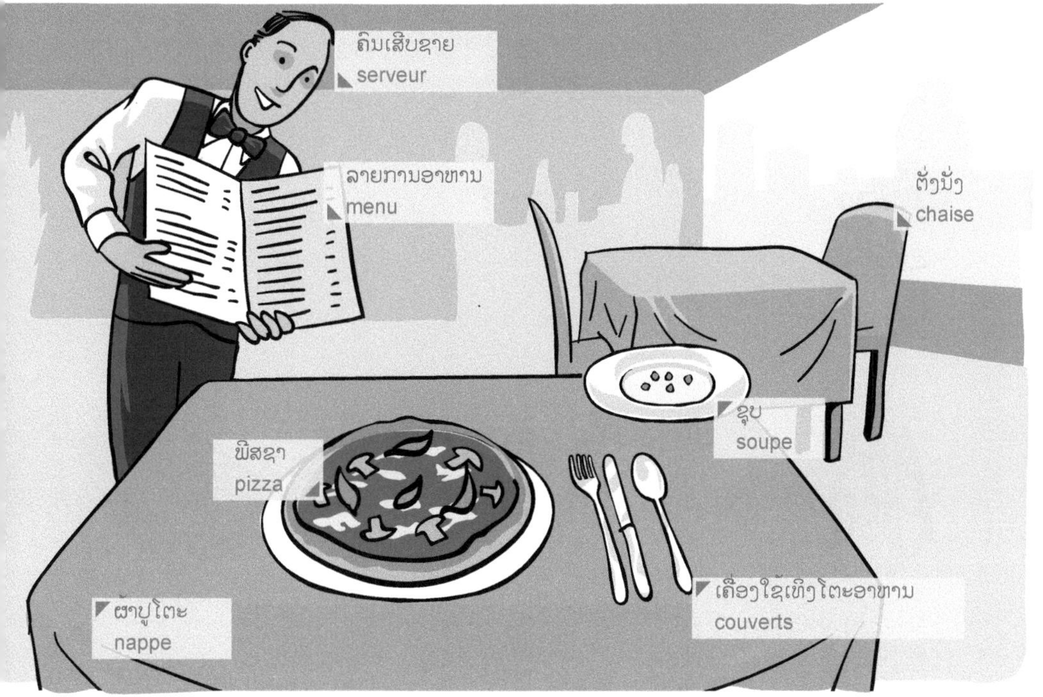
ຄົນເສີບຊາຍ
serveur
ລາຍການອາຫານ
menu
ຕັ່ງນັ່ງ
chaise
ຊຸບ
soupe
ພິສຊາ
pizza
ຜ້າປູໂຕະ
nappe
ເຄື່ອງໃຊ້ເທິງໂຕະອາຫານ
couverts

ອາຫານເລີ່ມຕົ້ນ

hors d'œuvre

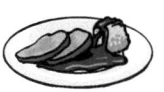

ອາຫານຈານຫຼັກ

plat principal

ຂອງຫວານ

dessert

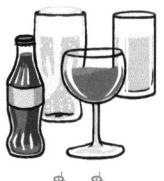

ເຄື່ອງດື່ມ

boissons

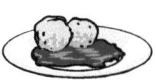

ອາຫານ

alimentation

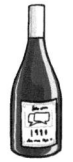

ຂວດແກ້ວ

bouteille

ອາຫານຈານດ່ວນ
....
fast-food

ຮ້ານຂາຍທາງ
....
plats à emporter

ເຕົ້ານ້ຳຊາ
....
théière

ຖ້ວຍນ້ຳຕານ
....
sucrier

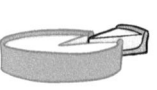

ສ່ວນແບ່ງອາຫານສຳລັບໜຶ່ງຄົນ
....
portion

ເຄື່ອງຊົງກາເຟເອສເປຣສໂຊ
....
machine à expresso

ເກົ້າອີ້ສູງ
....
chaise haute

ໃບເກັບເງິນ
....
facture

ຖາດ
....
plateau

ມີດ
....
couteau

ສ້ອມ
....
fourchette

ບ່ວງ
....
cuillère

ຊ້ອນຊາ
....
cuillère à thé

ຜ້າເຊັດປາກຢູ່ໂຕະອາຫານ
....
serviette

ຈອກແກ້ວ
....
verre

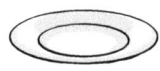

ຈານ

assiette

ຈານຊຸບ

assiette à soupe

ຈານຮອງ

soucoupe

ຊອສ

sauce

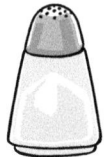

ກະປຸກເກືອ

salière

ກະປຸກພິກໄທ

moulin à poivre

ນ້ຳສົ້ມສາຍຊູ

vinaigre

ນ້ຳມັນພືດ

huile

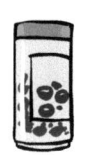

ເຄື່ອງເທດ

épices

ຊອສໝາກເດັ່ນ

ketchup

ຜັກຈ້ຳພວກຜັກກາດ

moutarde

ມາຍອມເນສ

mayonnaise

ຊຸບເປີມາກເກັດ

supermarché

ຂໍ້ສະເໜີພິເສດ
offre promotionnelle
FOR
ລູກຄ້າ
client
ຜະລິດຕະພັນທີ່ເຮັດຈາກນົມ
produits laitiers
ໝາກໄມ້
fruits
ລົດຊຸກ
chariot

BUTCHERS

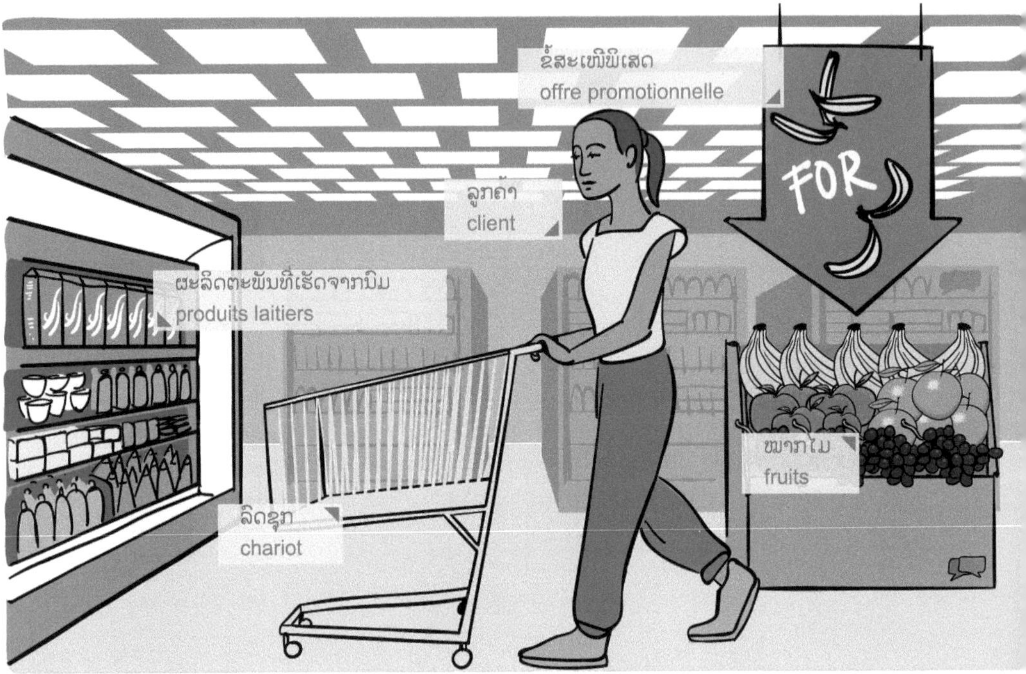

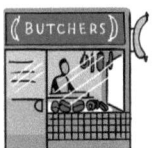

ຮ້ານຂາຍຊີ້ນ

boucherie

BAKERY

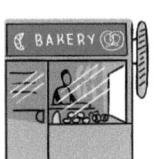

ຮ້ານຂາຍເຂົ້າໜົມປັງ

boulangerie

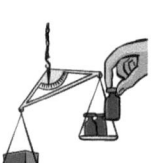

ຊັ່ງນ້ຳໜັກ

peser

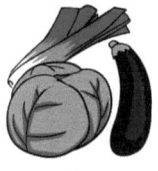

ຜັກ

légumes

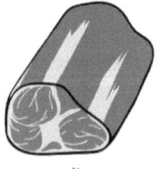

ຊີ້ນ

viande

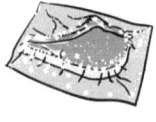

ອາຫານແຊ່ແຂງ

aliments surgelés

ຊິ້ນເຢັນ

charcuterie

ອາຫານກະປ໋ອງ

conserves

ແຝ່ນຊັກເຄື່ອງ

poudre à lessive

ເຂົ້າໜົມຫວານ

bonbons

ຜະລິດຕະພັນໃນຄົວເຮືອນ

articles ménagers

ຜະລິດຕະພັນທຳຄວາມສະອາດ

détergents

ພະນັກງານຂາຍຍ່ອຍ

vendeuse

ເຄື່ອງຄິດເງິນ

caisse

ພະນັກງານເກັບສິດ

caissier

ລາຍການຊື້ເຄື່ອງ

liste d'achats

ເວລາເປີດເຮັດວຽກ

heures d'ouverture

ກະເປົາເງິນ

portefeuille

ບັດເຄດິດ

carte de crédit

ຖົງ

sac

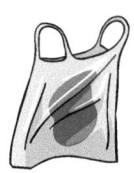

ຖົງຢາງ

sac en plastique

ນ້ຳ

eau

ນ້ຳໝາກໄມ້

jus de fruit

ນົມ

lait

ໂຄກ

coca

ວາຍ

vin

ເບຍ

bière

ເຫຼົ້າ

alcool

ໂກໂກ້

chocolat chaud

ຊາ

thé

ກາເຟ

café

ເອສເປຣສໂຊ

expresso

ຄາປູຊິໂນ

cappuccino

ໝາກກ້ວຍ

banane

ແອັບເປິ້ມ

pomme

ໝາກກ້ຽງ

orange

ໝາກໂມ

melon

ໝາກນາວ

citron

ທິວກະຣິດ

carotte

ຜັກທຽມ

ail

ຕົ້ນໄຜ່

bambou

ຫອມບົ່ວ

oignon

ເຫັດ

champignon

ຖົ່ວ

noisettes

ເສັ້ນໝີ່

pâtes

ສະປາແກັດຕີ້
....
spaghetti

ເຂົ້າ
....
riz

ສະຫຼັດ
....
salade

ມັນຝຣັ່ງທອດ
....
pommes frites

ມັນຝຣັ່ງທອດ
....
pommes de terre rôties

ພິສຊາ
....
pizza

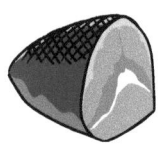

ແຮມເບີເກີ້
....
hamburger

ແຊນວິດຈ໌
....
sandwich

ຊີ້ນຕິດກະດູກ
....
escalope

ແຮມ
....
jambon

ໄສ້ກອກແທ້ງຊາລາມິ
....
salami

ໄສ້ກອກ
....
saucisse

ໄກ່
....
poulet

ຍ້າງ
....
rôti

ປາ
....
poisson

ເຂົ້າປຸກເຂົ້າໂອດ

flocons d'avoine

ອາຫານຊະນິດເປັນເມັດກອນ

muesli

ເຂົ້າຖຽບເປັນປ່ຽງນ້ອຍໆ

cornflakes

ເຂົ້າແປ້ງ

farine

ເຂົ້າຈີ່ຊະນິດຄຶ່ງມີຮູບເຄິອບເຄິ່ງ
ໜວຍ

croissant

ເຂົ້າໜົມປັງແບບມ້ວນ

petits-pains

ເຂົ້າໜົມປັງ

pain

ເຂົ້າໜົມປັງປີ້ງ

pain grillé

ເຂົ້າໜົມປັງຊະນິດກ້ອນນ້ອຍ

biscuits

ເນີຍ

beurre

ນ້ຳນົມແຂ້ນ

le fromage blanc

ເຄກ

gâteau

ໄຂ່

œuf

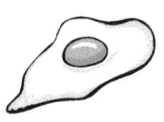

ໄຂ່ດາວ

œuf au plat

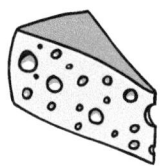

ເນີຍແຂງ

fromage

ກະແລ້ມ

glace

ນ້ຳຕານ

sucre

ນ້ຳເຜິ້ງ

miel

ແຍມ

confiture

ຊ້ອກໂກແລັດຄຣິມສະເປຣດ

crème nougat

ກະລີ່

curry

ຟາມ
ferme

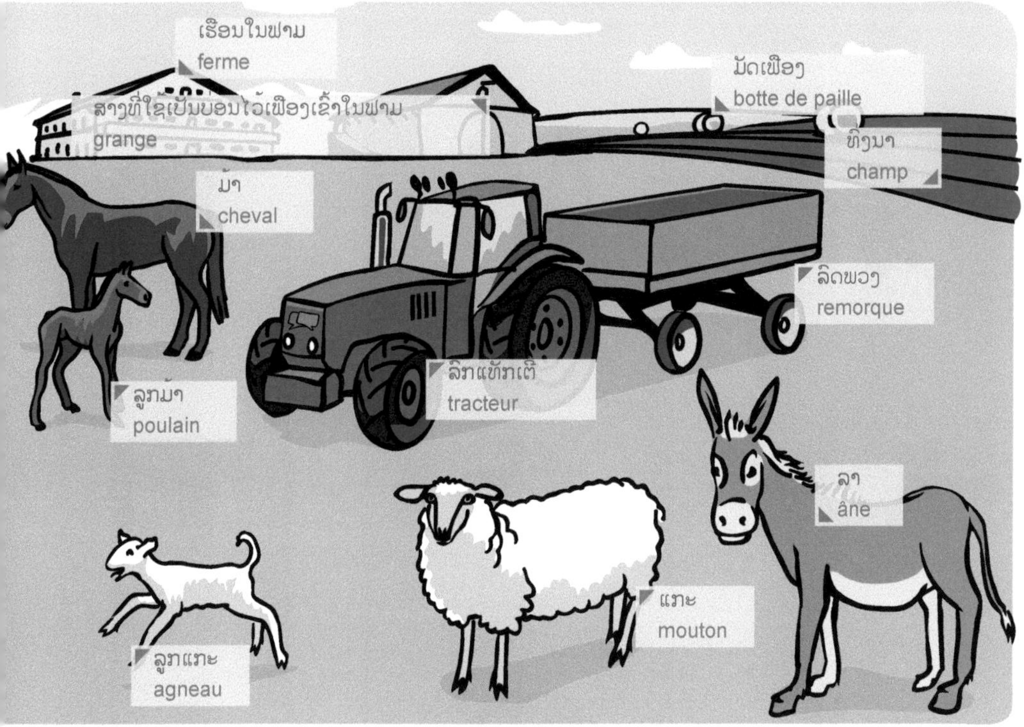
ເຮືອນໃນຟາມ
ferme
ສາງທີ່ໃຊ້ເປັນບ່ອນໄວ້ເຟືອງເຂົ້າໃນຟາມ
grange
ມັດເຟືອງ
botte de paille
ທົ່ງນາ
champ
ມ້າ
cheval
ລົດພ່ວງ
remorque
ລົດແທັກເຕີ
tracteur
ລູກມ້າ
poulain
ລາ
âne
ແກະ
mouton
ລູກແກະ
agneau

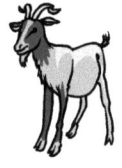

ແກະ
chèvre

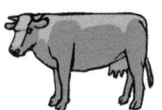

ງົວຕົວແມ່
vache

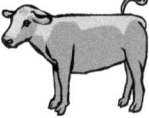

ລູກງົວ
veau

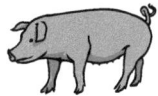

ໝູ
porc

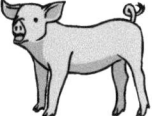

ລູກໝູ
porcelet

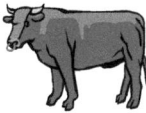

ງົວຕົວຜູ້
taureau

ຫ່ານ
oie

ເປັດ
canard

ລູກໄກ່
poussin

ແມ່ໄກ່
poule

ໄກ່ຜູ້
coq

ໜູ
rat

ແມວ
chat

ໜູ
souris

ງົວຕົວຜູ້
bœuf

ໝາ
chien

ຄອກໝາ
chenil

ສາຍທໍ່ຍາງທີ່ໃຊ້ໃນສວນ
tuyau de jardin

ຂໍ້ຫົດຕົ້ນໄມ້
arrosoir

ກຽວດ້າມຍາວ
faucheuse

ຄັນໄຖ
charrue

ກ່ຽວ

faucille

ຈົກ

pioche

ຄາດ

fourche

ຂວານ

hache

ລົດຍູ້ລໍ້ດຽວ

brouette

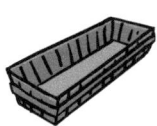

ທາງລົບ

cuve

ປ່ອງນົມ

pot à lait

ກະສອບ

sac

ຮົ້ວ

clôture

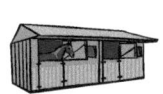

ຄອກມ້າ

étable

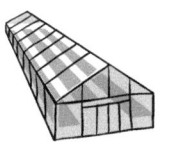

ເຮືອນກະຈົກ

serre

ດິນ

sol

ແກ່ນ

semences

ປຸ໋ຍ

engrais

ເຄື່ອງກ່ຽວເຂົ້າ

moissonneuse-batteuse

ເກັບກ່ຽວ

récolter

ການເກັບກ່ຽວ

récolte

ເຜືອກ

igname

ເຂົ້າສາລີ

blé

ຖົ່ວເຫຼືອງ

soja

ມັນຝ້າງ

pomme de terre

ເຂົ້າໂພດ

maïs

ດອກເຣພຊິດ

colza

ຕົ້ນໄມ້ທີ່ອອກໝາກ

arbre fruitier

ມັນຕົ້ນ

manioc

ພຶດຊະນິດເມັດ

céréales

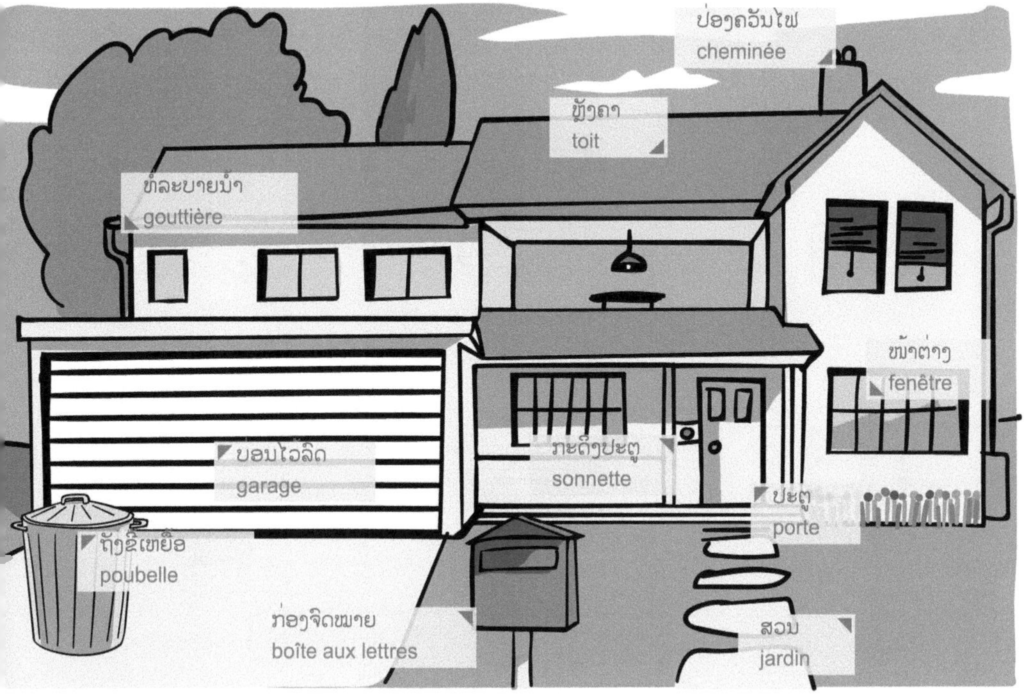

maison

ບ່ອງຄວັນໄຟ
cheminée

ຫຼັງຄາ
toit

ທໍ່ລະບາຍນ້ຳ
gouttière

ໜ້າຕ່າງ
fenêtre

ບອນໄວລົດ
garage

ກະດິ່ງປະຕູ
sonnette

ຖັງຂີ້ເຫຍື້ອ
poubelle

ປະຕູ
porte

ກ່ອງຈົດໝາຍ
boîte aux lettres

ສວນ
jardin

ຫ້ອງຮັບແຂກ

salon

ຫ້ອງນ້ຳ

salle de bain

ຫ້ອງຄົວ

cuisine

ຫ້ອງນອນ

chambre à coucher

ຫ້ອງພັກສໍາລັບເດັກນ້ອຍ

chambre d'enfant

ຫ້ອງອາຫານ

salle à manger

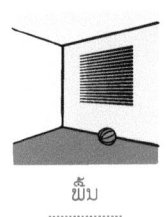

ພື້ນ

sol

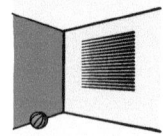

ຝາຜະໜັງ

mur

ເພດານ

plafond

ຫ້ອງເກັບເຄື່ອງໃຕ້ດິນ

cave

ຫ້ອງອົບອາຍນ້ຳ

sauna

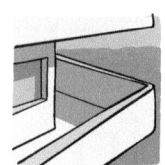

ລະບຽງ

balcon

ຊຸ້ມຕາມຂ້າງພູ

terrasse

ສະລອຍນ້ຳ

piscine

ເຄື່ອງຕັດຫຍ້າ

tondeuse à gazon

ຜ້າຫຸ້ມບ່ອນນອນ

housse

ຜ້າປູຢຽງ

couette

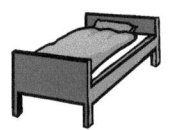

ຕຽງ

lit

ຟອຍ

balai

ຖຸ

sceau

ສະວິດ

interrupteur

ຫ້ອງຮັບແຂກ

salon

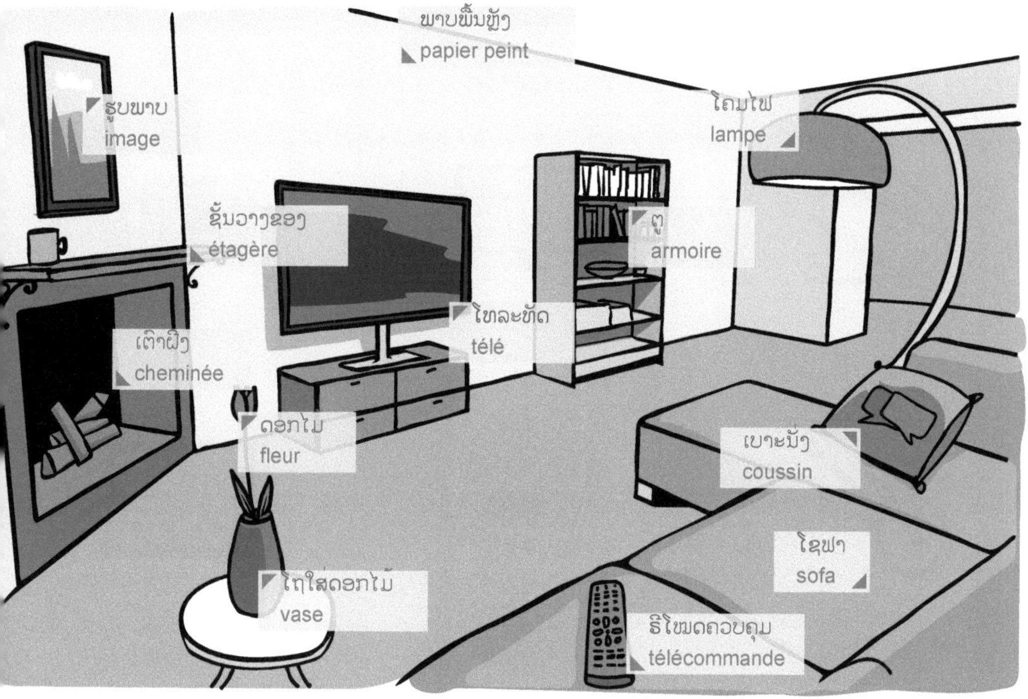

ພາບພື້ນຫຼັງ
papier peint
ຮູບພາບ
image
ໂຄມໄຟ
lampe
ຊັ້ນວາງຂອງ
étagère
ຕູ້
armoire
ໂທລະທັດ
télé
ເຕົາຜີງ
cheminée
ດອກໄມ້
fleur
ເບາະນັ່ງ
coussin
ໂຊຟາ
sofa
ໂຖໃສ່ດອກໄມ້
vase
ຣີໂໝດຄວບຄຸມ
télécommande

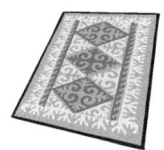

ພົມປູພື້ນ

tapis

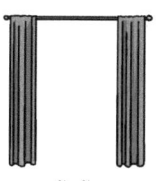

ຜ້າກັ້ງ

rideau

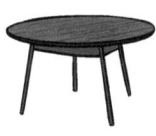

ໂຕະ

table

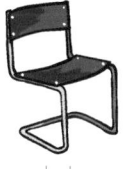

ຕັ່ງນັ່ງ

chaise

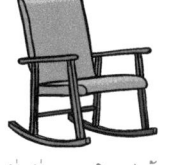

ຕັ່ງນັ່ງແບບໂຍກໄດ້

chaise à bascule

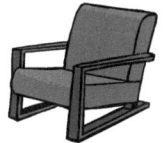

ຕັ່ງນັ່ງທີ່ມີບ່ອນວາງແຂນ

fauteuil

ໜັງສື
livre

ຜ້າຫົ່ມ
couverture

ຂອງຕົກແຕ່ງ
décoration

ຟືນ
bois de chauffage

ຮູບເງົາ
film

ເຄື່ອງສຽງລະບົບໄຮໄຟ
chaîne hi-fi

ກະແຈ
clé

ໜັງສືພິມ
journal

ການແຕ້ມຮູບ
peinture

ໂປສເຕີ
poster

ວິທະຍຸ
radio

ແຜ່ນບັນທຶກ
bloc-notes

ເຄື່ອງດູດຝຸ່ນ
aspirateur

ຕົ້ນກະບອງເພັດ
cactus

ທຽນໄຂ
bougie

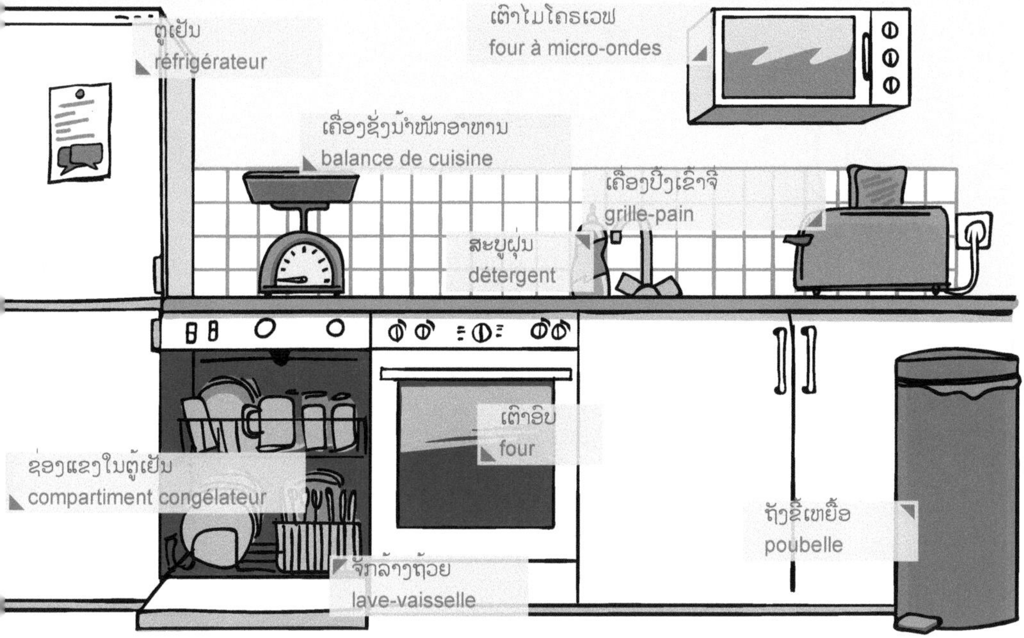

ຕູ້ເຢັ່ນ
réfrigérateur

ເຕົາໄມໂຄຣເວຟ
four à micro-ondes

ເຄື່ອງຊັ່ງນ້ຳໜັກອາຫານ
balance de cuisine

ເຄື່ອງປີ້ງເຂົ້າຈີ່
grille-pain

ສະບູຝຸ່ນ
détergent

ຊ່ອງແຊ່ງໃນຕູ້ເຢັ່ນ
compartiment congélateur

ເຕົາອົບ
four

ຖັງຂີ້ເຫຍື້ອ
poubelle

ຈັກລ້າງຖ້ວຍ
lave-vaisselle

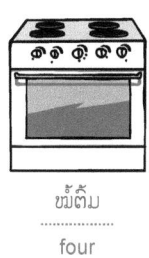

ໝໍ້ຕົ້ມ

four

ໝໍ້

casserole

ໝໍ້ຫຸ້ງກ້ຍ່

marmite

ໝໍ້ກະທະຈຶມ

wok / kadai

ໝໍກະທະກົ້ນແບນ

poêle

ກາຕົ້ມນ້ຳ

bouilloire electrique

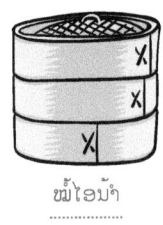

ໝໍ້ໄອນ້ຳ

cuiseur vapeur

ຖາດອົບ

plaque de cuisson

ເຄື່ອງຖ້ວຍຊາມ

vaisselle

ຈອກທຶມ

gobelet

ຖ້ວຍ

coupe

ໄມ້ທູ່

baguettes

ຈອງດ້າມຍາວ

louche

ຕະຫຼິວ

spatule

ເຄື່ອງຕີໄຂ່

fouet

ກະຊອນ

passoire

ເຄື່ອງຮ່ອນ

tamis

ເຫຼັກຂູດ

râpe

ຄົກ

mortier

ບາບິຄິວ

barbecue

ແຄມໄຟຫຼາອອນ

cheminée

ຂຽງ

planche à découper

ໄມ້ບດແປ້ງ

rouleau à pâtisserie

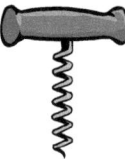

ເຫຼັກໄຂຄອບແກ້ວ

tire-bouchon

ກະປ໋ອງ

boîte

ເຄື່ອງເປີດກະປ໋ອງ

ouvre-boîte

ຖົງມືຈັບຂອງຮ້ອນ

maniques

ອ່າງລ້າງຈານ

lavabo

ແປງ

brosse

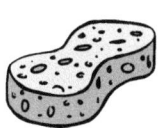

ຟອງນ້ຳ

éponge

ເຄື່ອງປັ່ນ

mixeur

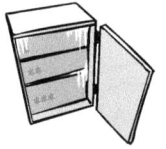

ຕູ້ແຊ່ແຂງ

congélateur

ຂວດນົມ

biberon

ກ໊ອກນ້ຳ

robinet

ຫ້ອງນ້ຳ

salle de bain

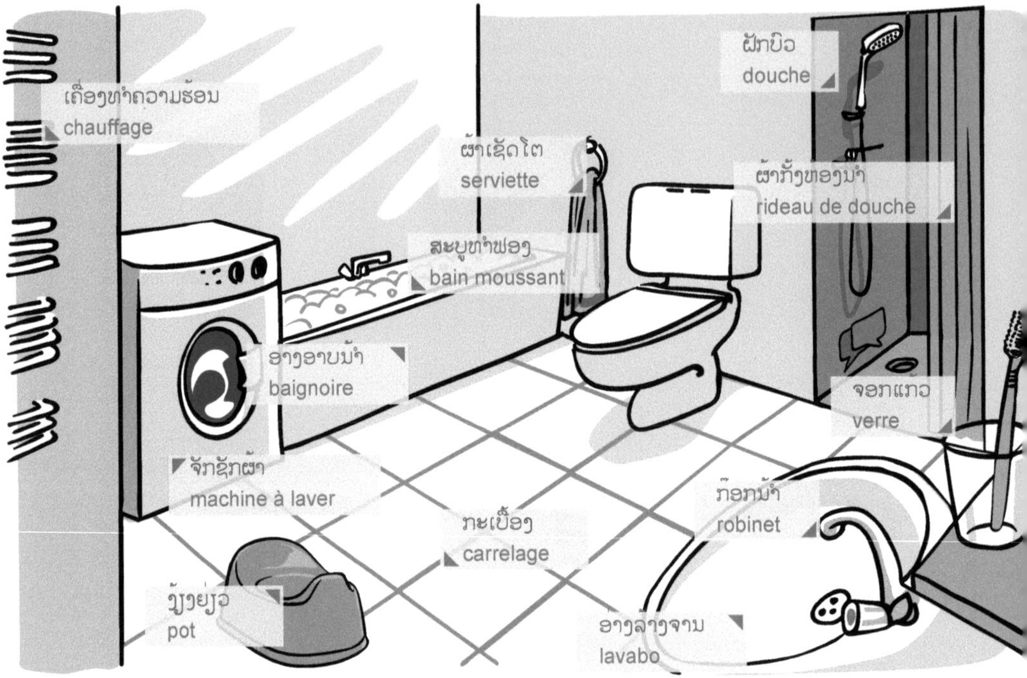
ເຄື່ອງທຳຄວາມຮ້ອນ
chauffage
ຜ້າເຊັດໂຕ
serviette
ຝັກບົວ
douche
ຜ້າກັ້ງຫ້ອງນ້ຳ
rideau de douche
ສະບູທຳຟອງ
bain moussant
ອ່າງອາບນ້ຳ
baignoire
ຈັກຊັກຜ້າ
machine à laver
ກະເບື້ອງ
carrelage
ກ໊ອກນ້ຳ
robinet
ຈອກແກ້ວ
verre
ໝໍ້ຍ່ຽວ
pot
ອ່າງລ້າງຈານ
lavabo

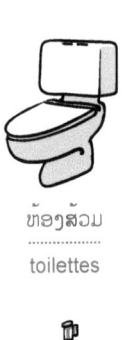

ຫ້ອງສ້ວມ

toilettes

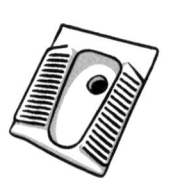

ໂຖສ້ວມແບບນັ່ງຍອງ

toilette à la turque

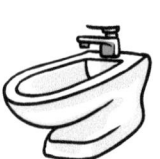

ໂຖຍ່ຽວຂອງຜູ້ຍິງ

bidet

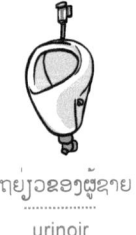

ໂຖຍ່ຽວຂອງຜູ້ຊາຍ

urinoir

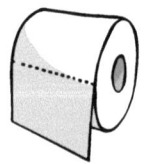

ກະດາດຊຳລະທີ່ໃຊ້ໃນຫ້ອງນ້ຳ

papier toilette

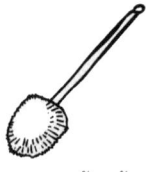

ແປງຂັດຫ້ອງນ້ຳ

brosse à toilette

ແປງສີຟັນ

brosse à dents

ຢາສີຟັນ

dentifrice

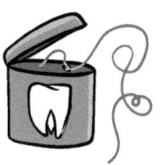

ໄໝຂັດແຂ້ວ

fil dentaire

ລ້າງ

laver

ຝັກບົວອາບນ້ຳທີ່ໃຊ້ມືຈັບ

douche manuelle

ເຄື່ອງສິດລ້າງ

douche intime

ອ່າງລ້າງໜ້າ

vasque

ແປງຖູຫັງ

brosse dorsale

ສະບູ

savon

ເຈລອາບນ້ຳ

gel douche

ແຊມພູ

shampooing

ຜ້າຖູໂຕນ້ອຍ

gant de toilette

ທໍ່ລະບາຍນ້ຳເສຍ

écoulement

ຄີມ

crème

ຢາດັບກິ່ນ

déodorant

ແວ່ນແຍງ
....
miroir

ແວ່ນມືຖື
....
miroir cosmétique

ມີດແຖຂນວດ
....
rasoir

ໂຟມແຖຂນວດ
....
mousse à raser

ໂລຊັ່ນບຳລຸຜິວຫຼັງແຖຂນວດ
....
après-rasage

ຫວີ
....
peigne

ແປງ
....
brosse

ຈັກເປົ່າຜົມ
....
sèche-cheveux

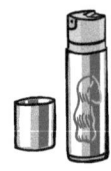

ສະເປຊິດຜົມ
....
laque pour cheveux

ຊຸດເຄື່ອງສຳອາງ
....
fond de teint

ລິບສະຕິກທາສົບ
....
rouge à lèvres

ນ້ຳຢາທາເລັບ
....
vernis à ongles

ສຳລີ
....
ouate

ມີດຕັດເລັບ
....
coupe-ongles

ນ້ຳຫອມ
....
parfum

ກະເປົ໋າອາບນ້ຳ

trousse de toilette

ຕັ່ງສາມຂາ

tabouret

ເຄື່ອງຊັ່ງນ້ຳໜັກ

pèse-personne

ເສື້ອຄຸມອາບນ້ຳ

peignoir

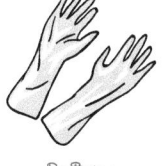

ຖົງມືຢາງ

gants de nettoyage

ຜ້າອະນາໄມແບບສອດ

tampon

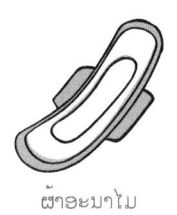

ຜ້າອະນາໄມ

serviettes hygiéniques

ຫ້ອງນ້ຳເຄມີ

toilette chimique

ຫອງພັກສຳລັບເດັກນອຍ

chambre d'enfant

ໂມງປຸກ
réveil
ຂອງຫຼິ້ນທີໜາຮັກ
doudou
ລົດຂອງຫຼິ້ນ
voiture jouet
ເຄື່ອງຫຼິ້ນເດັກນອຍທີສັ່ນດັງແຊັກໆ
hochet
ບ້ານຕຸກກະຕາ
maison de poupée
ຂອງຂວັນ
cadeau

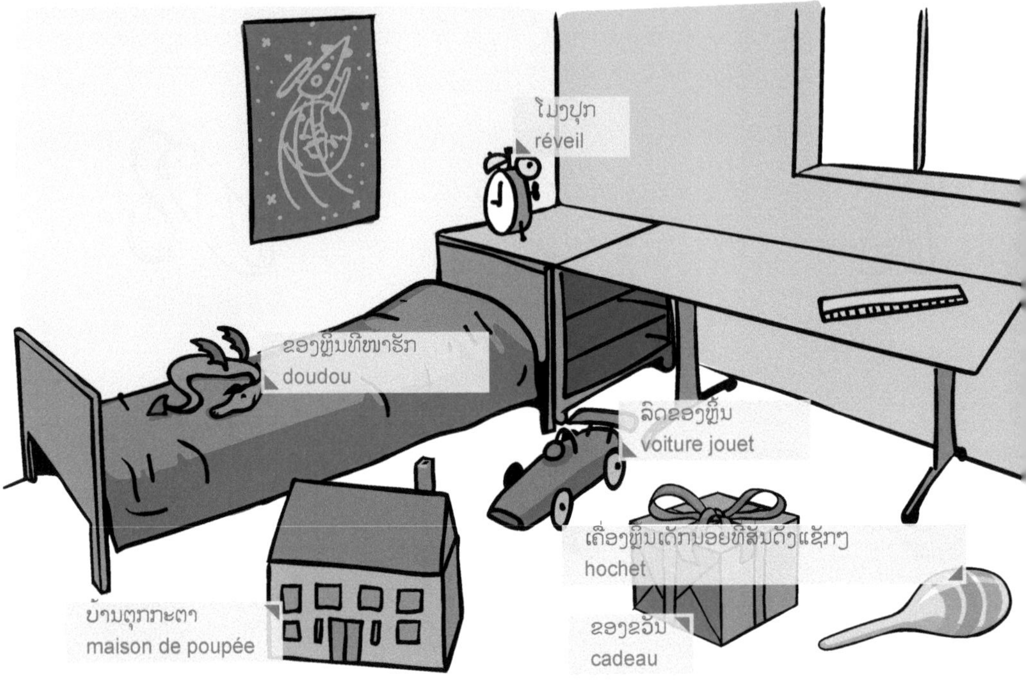

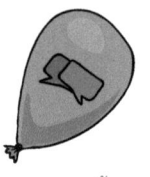

ໝາກປຸມເປົ້າ

ballon

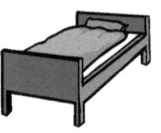

ຕຽງ

lit

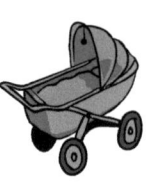

ລົດຍູ້ເດັກ

poussette

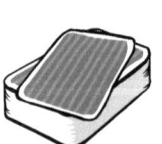

ຊຸມໄພ້

jeu de cartes

ຈິກຊໍ

puzzle

SUPER MEGA

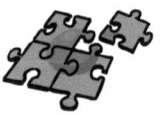

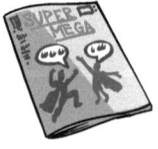

ໜັງສືກາຕູນ

bande dessinée

ຕິ່ວຕໍ່ເລໂກ້

pièces lego

ບລ໊ອກຂອງຫຼິ້ນ

blocs de construction

ຮູບປັ້ນທີ່ເຄື່ອນໄຫວໄດ້

figurine

ເສື້ອຜ້າເດັກເກີດໃໝ່

grenouillère

ຈານບິນ

frisbee

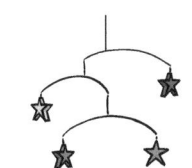

ສິ່ງທີ່ແກວ່ງໄປມາແຂນຢູ່ເທິງຫົວ
ຕຽງເດັກນ້ອຍ

mobile

ເກມກະດານ

jeu de société

ໝາກກະລ໊ອກ

dé

ຊຸດລົດໄຟຈຳລອງ

train miniature

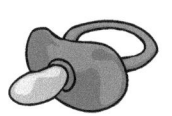

ຮູບທຸນ

sucette

ງານລ້ຽງ

fête

ໜັງສືພາບ

livre d'images

ໝາກບານ

balle

ຕຸກກະຕາ

poupée

ຫຼິ້ນ

jouer

ຂຸມດິນຊາຍສໍາລັບເດັກນ້ອຍຫຼີ້ນ

bac à sable

ຊິງຊ້າ

balançoire

ຂອງຫຼິ້ນ

jouets

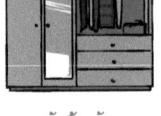

ເຄື່ອງຫຼິ້ນວິດີໂອເກມ

console de jeu

ລົດຖີບສາມລໍ້

tricycle

ຕຸກກະຕາໝີ

ours en peluche

ຕູ້ເສື້ອຜ້າ

armoire

ເສື້ອຜ້າ

vêtements

ລ່ອງເທົ້າ

chaussettes

ຖົງເທົ້າຍາວຜູ້ຍິງ

bas

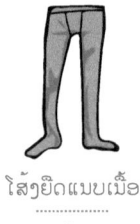

ໂສ້ງຍືດແບບເນື້ອ

collant

ຜ້າພັນຄໍ
écharpe

ຖັນຮົ່ມ
parapluie

ເສື້ອຍຶດຄໍມົນ
t-shirt

ສາຍແອວ
ceinture

ເກີບບູດທ
bottes

ເກີບແຕະ
pantoufles

ເກີບກິລາ
baskets

ເກີບຊັງດາມ
....
sandales

ເກີບ
....
chaussures

ເກີບບູດທ໌ຢາງ
....
bottes de caoutchouc

ໄສ້ງຊ້ອນໃນ
....
sous-vêtements

ເສື້ອຊ້ອນໃນ
....
soutien-gorge

ເສື້ອກ້າມ
....
maillot de corps

ເສື້ອຮັດທຸ່ມ

body

ໂສ້ງຂາຍາວ

pantalon

ໂສ້ງຍີນ

jean

ກະໂປ່ງ

jupe

ເສື້ອຜູ້ຍິງ

chemisier

ເສື້ອເຊີດ

chemise

ເສື້ອກັນໜາວ

pull

ເສື້ອຄຸມມີໝວກ

sweat à capuche

ເສື້ອໃຫຍ່ທີ່ຕິດກາໂຮງຮຽນຫຼືກາທິມກິລາ

veste

ເສື້ອແຈັກເກັດ

veste

ເສື້ອນອກ

manteau

ເສື້ອກັນຝົນ

imperméable

ເຄື່ອງແຕ່ງກາຍ

costume

ກະໂປ່ງ

robe

ຊຸດແຕ່ງງານ

robe de mariée

ເສື້ອສູດ

costume

ຊຸດລາຕີ

chemise de nuit

ຊຸດນອນ

pyjama

ຊຸດຊາຣິ

sari

ຜ້າຄຸມຫົວ

foulard

ຜ້າພັນຫົວ

turban

ເສື້ອບຸຣຸເຄາະ

burqa

ເສື້ອຄຸມຄາຟຕານ

caftan

ເສື້ອຄຸມອາບາຍາ

abaya

ຊຸດລອຍນ້ຳ

maillot de bain

ໂສ້ງໃສ່ລອຍນ້ຳ

maillot de bain

ໂສ້ງຂາສັ້ນ

short

ຊຸດວອມ

tenue d'entraînement

ຜ້າກັນເປື້ອນ

tablier

ຖົງມື

gants

ກະດຸມ

bouton

ແອ່ນຕາ

lunettes

ປອກແຂນ

bracelet

ສ້ອຍຄໍ

collier

ແຫວນ

bague

ຕຸ້ມຫູ

boucle d'oreille

ໝວກແກ໊ບ

bonnet

ກັງແຂນເສື້ອນອກ

cintre

ໝວກ

chapeau

ກາລະຫວັດ

cravate

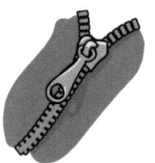

ຊິບ

fermeture éclair

ໝວກກັນກະທົບ

casque

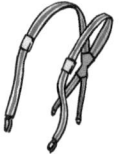

ສາຍໂຍງໂສ້ງ

bretelles

ຊຸດນັກຮຽນ

uniforme scolaire

ເຄື່ອງແບບ

uniforme

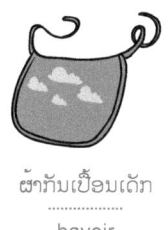

ຜ້າກັນເປື້ອນເດັກ

bavoir

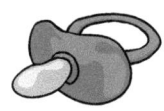

ຮູບຫຸ່ນ

sucette

ຜ້າອ້ອມ

lange

ຫອງການ

bureau

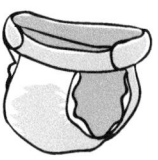

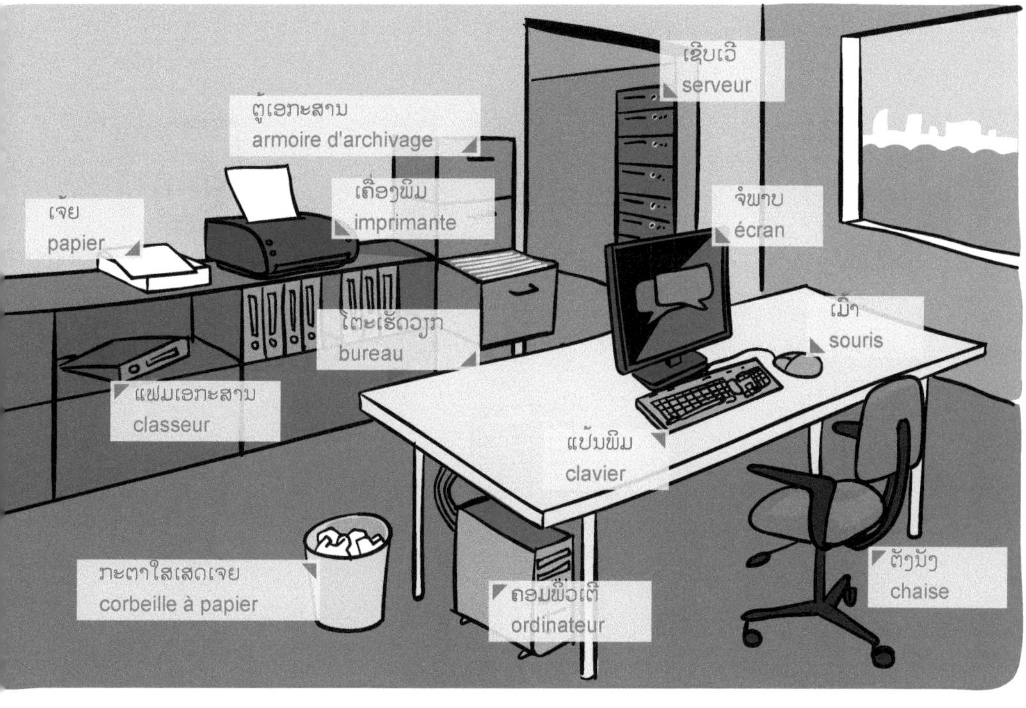

ເຊີບເວີ
serveur
ຕູ້ເອກະສານ
armoire d'archivage
ເຈ້ຍ
papier
ເຄື່ອງພິມ
imprimante
ຈໍພາບ
écran
ໂຕະເຮັດວຽກ
bureau
ເມົາ
souris
ແຟ້ມເອກະສານ
classeur
ແປ້ນພິມ
clavier
ກະຕ່າໃສ່ເສດເຈ້ຍ
corbeille à papier
ຄອມພິວເຕີ
ordinateur
ຕັ່ງນັ່ງ
chaise

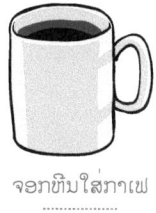

ຈອກທີມໃສ່ກາເຟ

tasse de café

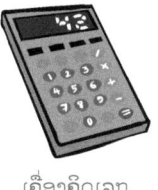

ເຄື່ອງຄິດເລກ

calculatrice

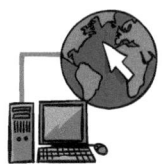

ອິນເຕີເນັດ

internet

ຄອມພິວເຕິແລັບທ້ອບ

ordinateur portable

ຈິດໝາຍ

lettre

ຂໍ້ຄວາມ

message

ໂທລະສັບມິຖື

portable

ເຄືອຂ່າຍ

réseau

ເຄື່ອງຖ່າຍເອກະສານ

photocopieuse

ຊອບແວ

logiciel

ໂທລະສັບ

téléphone

ປັກໄຟ

prise

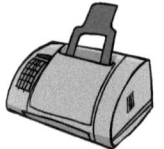

ເຄື່ອງແຟັກ

fax

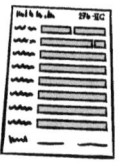

ແບບຟອມ

formulaire

ເອກະສານ

document

ຊື້

acheter

ຈ່າຍ

payer

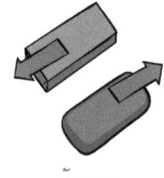

ຄ້າຂາຍ

faire du commerce

ເງິນ

monnaie

ເງິນດອນລາ

dollar

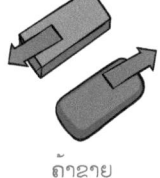

ເງິນຢູໂຣ

euro

ເງິນເຢນ

yen

ເງິນຣູເບິລ

rouble

ເງິນຝຣັງສະວິດ

franc suisse

ເງິນຢວນເຣິນໝິນບີ້

renminbi yuan

ເງິນຣູປີ

roupie

ເຄື່ອງສໍາລັບກົດເງິນສົດຈາກທະນາຄານ

distributeur automatique

ບ່ອນແລກປ່ຽນເງິນຕາ

bureau de change

ທອງຄຳ

or

ເງິນ

argent

ນ້ຳມັນ

pétrole

ພະລັງງານ

énergie

ລາຄາ

prix

ສັນຍາ

contrat

ພາສີ

taxe

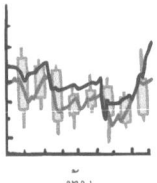

ຫຸ້ນ

action

ເຮັດວຽກ

travailler

ລູກຈ້າງ

employé

ນາຍຈ້າງ

employeur

ໂຮງງານ

usine

ຮ້ານຄ້າ

magasin

ອາຊີບ
professions

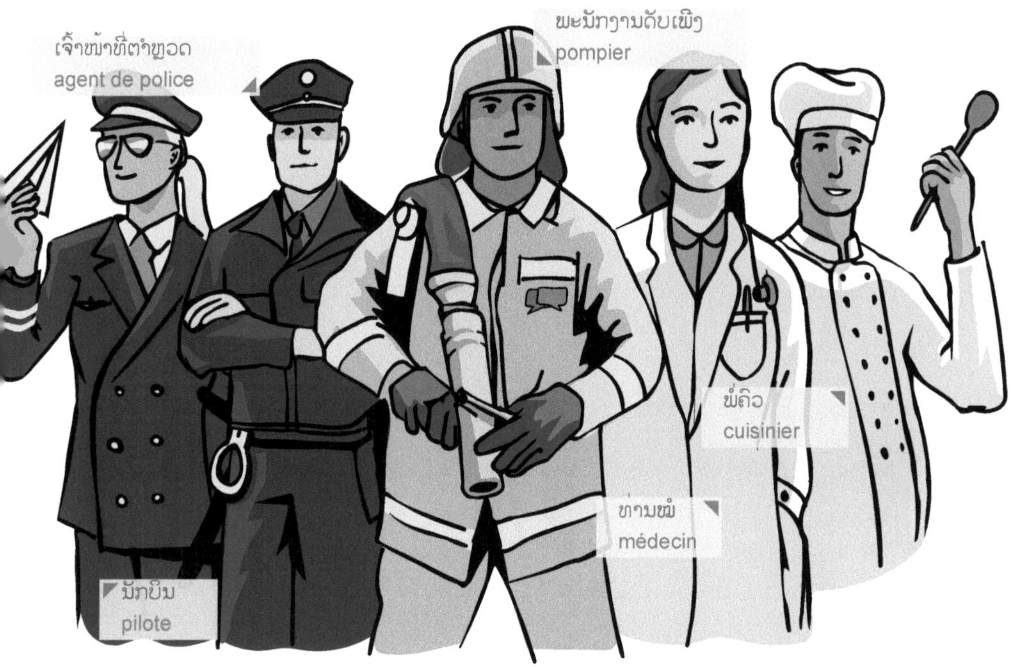

ເຈົ້າໜ້າທີ່ຕຳຫຼວດ
agent de police
ພະນັກງານດັບເພີງ
pompier
ພໍ່ຄົວ
cuisinier
ທ່ານໝໍ
médecin
ນັກບິນ
pilote

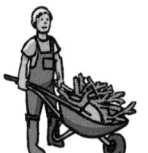

ຊາວສວນ

jardinier

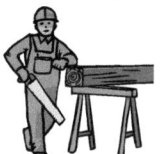

ຊ່າງໄມ້

menuisier

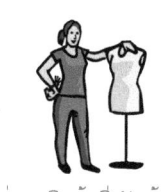

ຊ່າງຫຍິບຜ້າທີ່ເປັນຜູ້ຍິງ

couturière

ຜູ້ພິພາກສາ

juge

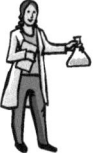

ນັກເຄມີ

chimiste

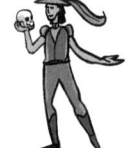

ນັກສະແດງຊາຍ

acteur

ຄົນຂັບລົດເມປະຈຳທາງ

conducteur de bus

ຄົນຂັບແທັກຊີ

chauffeur de taxi

ຊາວປະມົງ

pêcheur

ແມ່ບ້ານທຳຄວາມສະອາດ

femme de ménage

ຊ່າງມຸງຫັວຄາ

couvreur

ຄົນເສີບຂາຍ

serveur

ນາຍພານ

chasseur

ຊ່າງທາສີ

peintre

ຄົນເຮັດເຂົ້າຫນົມປັງ

boulanger

ຊ່າງໄຟຟ້າ

électricien

ຊ່າງກໍ່ສ້າງ

ouvrier

ວິສະວິກອນ

ingénieur

ຄົນຂາຍຊີ້ນ

boucher

ຊ່າງນ້ຳປະປາ

plombier

ບູລຸດໄປສະນີ

facteur

ທະຫານ

soldat

ສະຖາປະນິກ

architecte

ພະນັກງານເກັບເງິນສົດ

caissier

ຄົນຂາຍດອກໄມ້

fleuriste

ຊ່າງແຕ່ງຜົມ

coiffeur

ພະນັກງານກວດປີ້ລົດ

contrôleur

ຊ່າງສ້ອມລົດຍົນ

mécanicien

ຜູ້ບັງຄັບການ

capitaine

ທັນຕະແພດ

dentiste

ນັກວິທະຍາສາດ

scientifique

ພະໃນສາສະໜາຢິວ

rabbin

ຜູ້ນຳຊາວມຸສລິມ

imam

ຄູບາ

moine

ນັກບວດ

prêtre

ເຄື່ອງມື
outils

ຄ້ອນຕີ
marteau
ຄີມ
pinces
ເຫຼັກໄຂຄວງ
tournevis
ຄີມປາກຕາຍ
clé
ໄຟສາຍ
torche

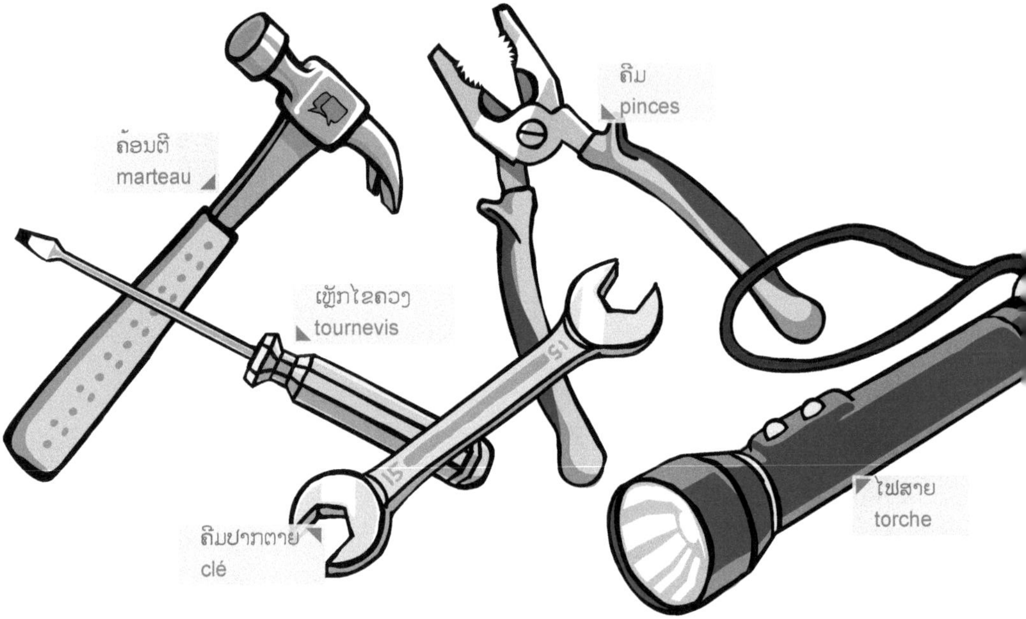

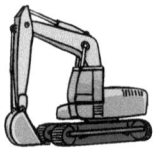

ເຄື່ອງຂູດ

pelleteuse

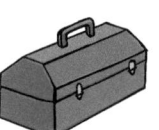

ກັບເຄື່ອງມື

boîte à outils

ຂັ້ນໄດ

échelle

ເລື່ອຍ

scie

ຕະປູ

clous

ເຫຼັກຊີ

perceuse

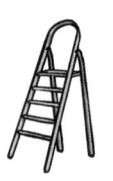

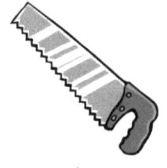

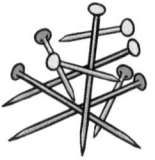

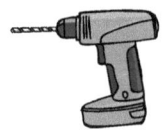

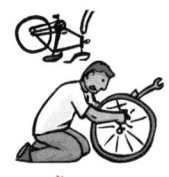

ສ້ອມແປງ

réparer

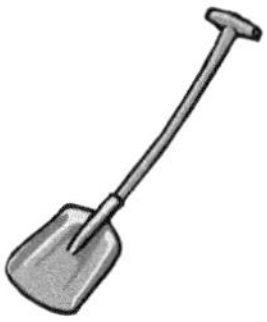

ຊວ້ານ

pelle

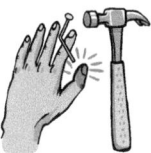

ຕາຍຫ່າ!

Mince !

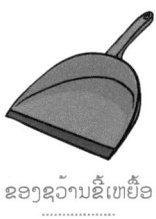

ຂອງຊວ້ານຂີ້ເຫຍື້ອ

pelle

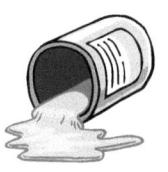

ຖັງສີ

pot de peinture

ຕະປູກຽວ

vis

ເຄືອງດົນຕີ
instruments de musique

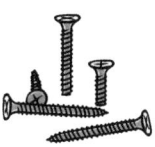

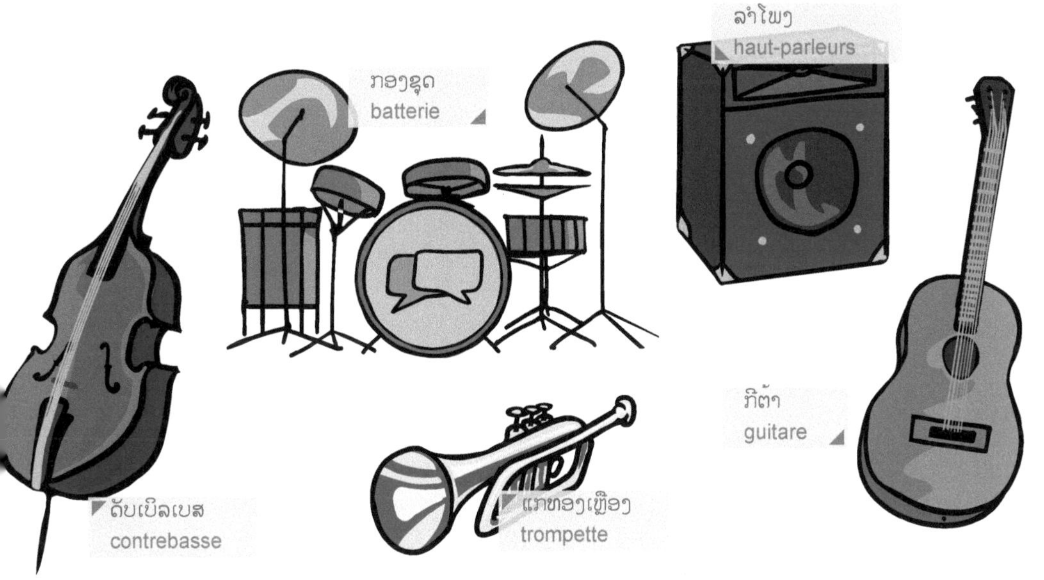
ລຳໂພງ
haut-parleurs
ກອງຊຸດ
batterie
ກີຕ້າ
guitare
ດັບເບີລເບສ
contrebasse
ແກທອງເຫຼືອງ
trompette

ເປຍໂນ

piano

ໄວໂອລິນ

violon

ເບສ

basse

ກອງທິມປານີ

timbales

ກອງຊຸດ

tambour

ຄີບອດ

piano électrique

ແຊັກໂຊໂຟນ

saxophone

ຂຸ່ຍ

flûte

ໄມໂຄຣໂຟນ

microphone

ເຄື່ອງດົນຕີ - instruments de musique

ສວນສັດ

ZOO

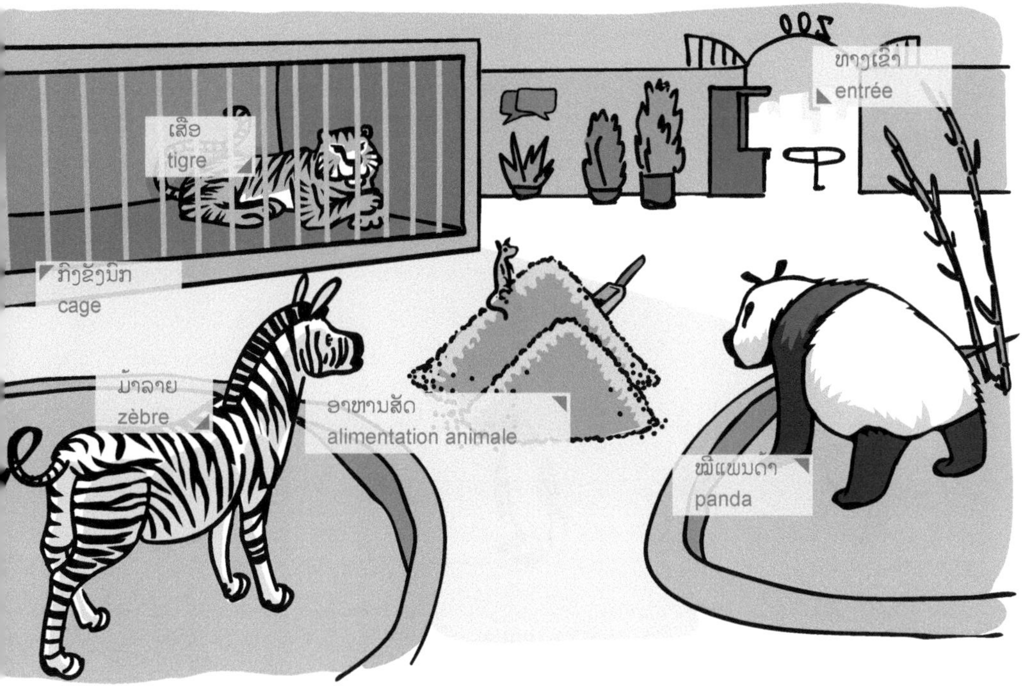

ເສືອ
tigre
ທາງເຂົ້າ
entrée
ກົງຂັງນົກ
cage
ມ້າລາຍ
zèbre
ອາຫານສັດ
alimentation animale
ໝີແພນດ້າ
panda

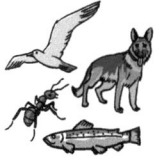

ສັດ

animaux

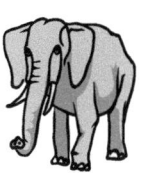

ຊ້າງ

éléphant

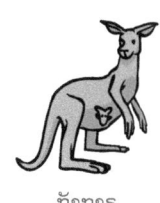

ກັງກາຣູ

kangourou

ແຮດ

rhinocéros

ລິງໂຫນໃຫຍ່

gorille

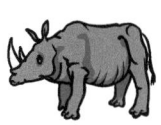

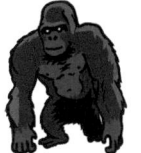

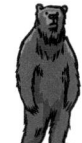

ໝີ

ours

ອູດ

chameau

ນົກກະຈອກເທດ

autruche

ສິງໂຕ

lion

ລິງ

singe

ນົກຟລາມິງໂກ

flamand rose

ນົກແກ້ວ

perroquet

ໝີຂົ້ວໂລກ

ours polaire

ນົກເພັນກວິນ

pingouin

ປາສະຫຼາມ

requin

ນົກຍູງ

paon

ງູ

serpent

ແຂ້

crocodile

ຜູ້ເບິ່ງແຍງສວນສັດ

gardien de zoo

ແມວນ້ຳ

phoque

ເສືອຈາກົວ

jaguar

ມ້າພັນນ້ອຍ

poney

ເສືອດາວ

léopard

ຮິບໂປ

hippopotame

ໂຕຈິຣາຟ

girafe

ໜງວ

aigle

ໝູປ່າຕົວຜູ້

sanglier

ປາ

poisson

ເຕົ່າ

tortue

ຊ້າງນ້ຳ

morse

ໝາຈອກ

renard

ກວາງນ້ອຍ

gazelle

ກິລາ

sports

ອາເມລິກັນຟຸດບອນ
american Football

ຂີ່ລົດຖີບ
cyclisme

ກິລາເທນນິສ
tennis

ບັສເກັດບອລ
basket-ball

ກິລາລອຍນ້ຳ
natation

ຊົກມວຍ
boxe

ກິລາຕີຄັດເດີນນ້ຳແຂງ
hockey sur glace

ກິລາເຕະບານ

football

ກິລາຕີດອກປິກໄກ່

badminton

ກິລາປະເພດ ແລ່ນ
ເຕັ້ນແລະແກວ່ງ

athlétisme

ແຮນບອລ

handball

ກິລາສະກີ້

ski

ກິລາໂປໂລມ້າ

polo

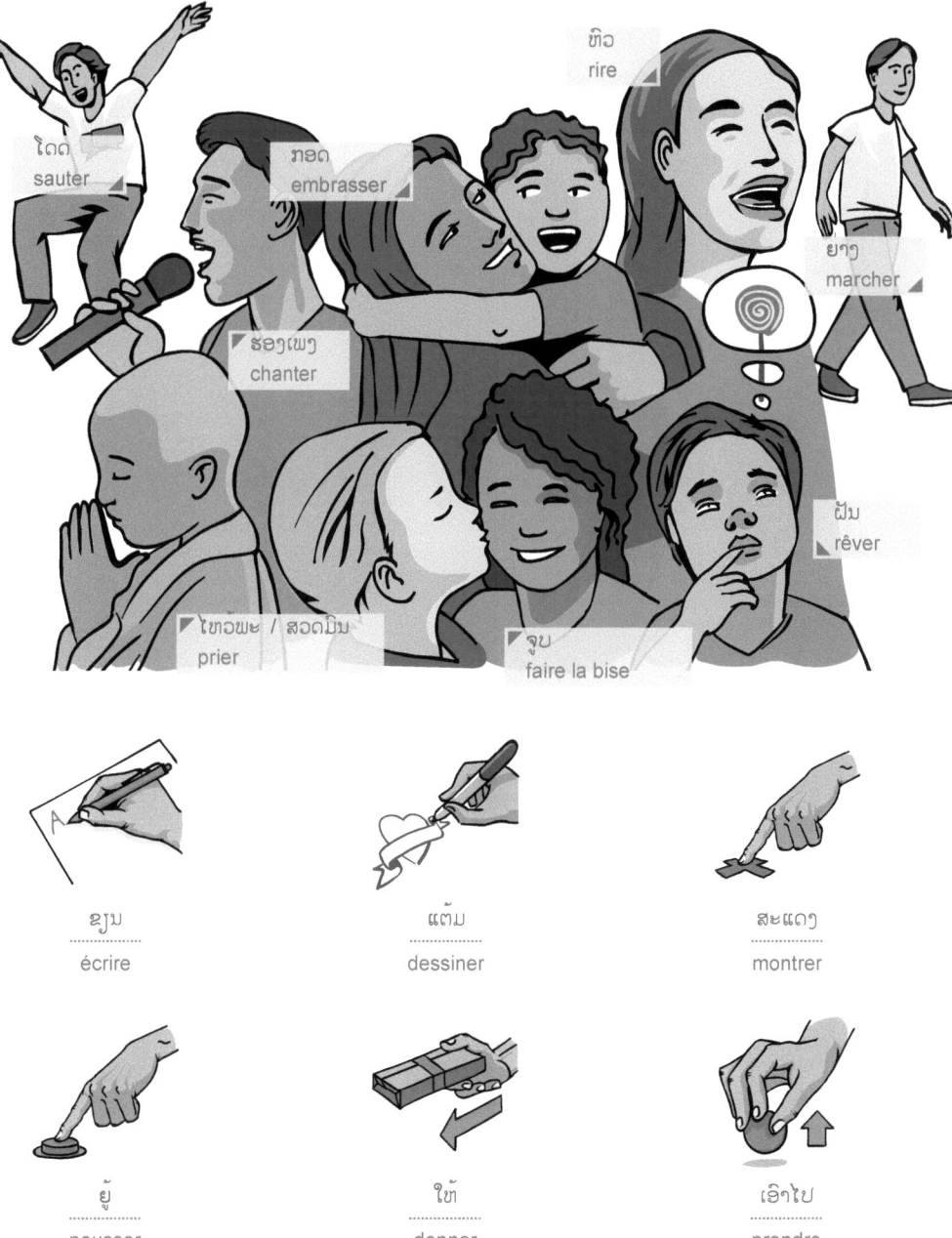

ໂດດ
sauter

ກອດ
embrasser

ທິວ
rire

ຍ່າງ
marcher

ຮ້ອງເພງ
chanter

ຝັນ
rêver

ໄຫວ້ພະ / ສວດມົນ
prier

ຈູບ
faire la bise

ຂຽນ
écrire

ແຕ້ມ
dessiner

ສະແດງ
montrer

ຍູ້
pousser

ໃຫ້
donner

ເອົາໄປ
prendre

ມີ
....
avoir

ເຮັດ
....
faire

ເປັນ
....
être

ຢືນ
....
être debout

ແລ່ນ
....
courir

ດຶງ
....
trier

ໂຍນ
....
jeter

ລົ້ມ
....
tomber

ນອນຢຽດ
....
être couché

ລໍຖ້າ
....
attendre

ຖື
....
porter

ນັ່ງ
....
être assis

ແຕ່ງຕົວ
....
s'habiller

ນອນຫຼັບ
....
dormir

ຕື່ນນອນ
....
se réveiller

ເບິ່ງ

regarder

ຮ້ອງໄຫ້

pleurer

ລູບ

caresser

ຫວີຜົມ

peigner

ລົມ

parler

ເຂົ້າໃຈ

comprendre

ຖາມຖາມ

demander

ຟັງ

écouter

ດື່ມ

boire

ກິນ

manger

ຈັດໃຫ້ເປັນລະບຽບ

ranger

ຮັກ

aimer

ຕົ້ວກິນ

cuire

ຂັບລົດ

conduire

ບິນ

voler

ແລ່ນເຮືອ

faire de la voile

ຄິດໄລ່

calculer

ອ່ານ

lire

ຮຽນຮູ້

apprendre

ເຮັດວຽກ

travailler

ແຕ່ງງານ

se marier

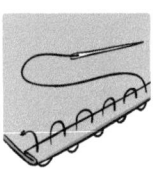

ທຍິບ

coudre

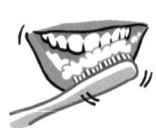

ແປງຟັນ

brosser les dents

ຂ້າ

tuer

ສູບຍາ

fumer

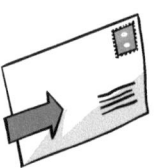

ສົ່ງ

envoyer

ແມ່ເຖົ້າ
grand-mère

ພໍ່ເຖົ້າ
grand-père

ພໍ່
père

ແມ່
mère

ເດັກເກີດໃໝ
bébé

ລູກສາວ
fille

ລູກຊາຍ
fils

ແຂກ
hôte

ປ້າ
tante

ລຸງ
oncle

ອ້າຍນ້ອງ
frère

ເອື້ອຍນ້ອງ
sœur

ຮາງກາຍ

corps

ໜາຜາກ
front
ຕາ
œil
ບ່າໄຫຼ່
épaule
ນິ້ວມື
doigt
ໃບໜ້າ
visage
ຄາງ
menton
ມື
main
ໜ້າເອິກ
poitrine
ຂາ
jambe
ແຂນ
bras

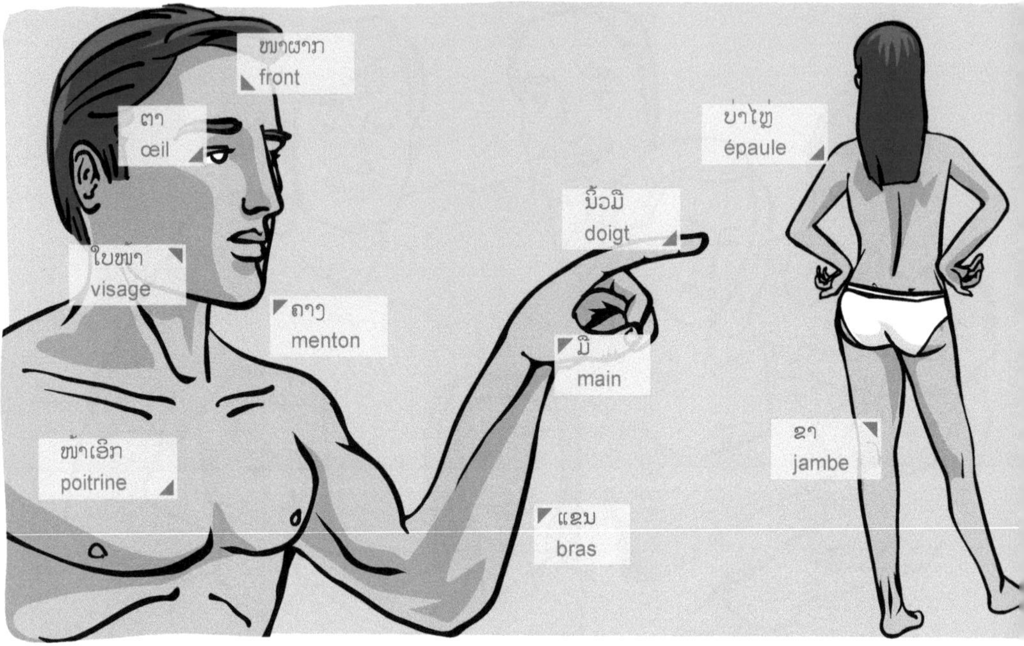

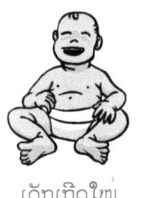

ເດັກເກີດໃໝ່
bébé

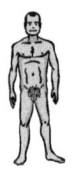

ຜູ້ຊາຍ
homme

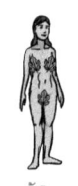

ຜູ້ຍິງ
femme

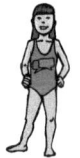

ເດັກຍິງ
fille

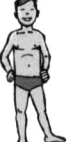

ເດັກຊາຍ
garçon

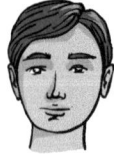

ຫົວ
tête

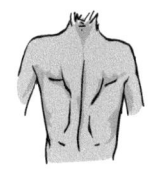

ຫຼັງ
....
dos

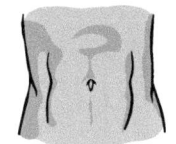

ທ້ອງ
....
ventre

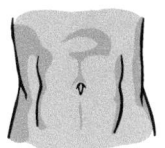

ສະບື
....
nombril

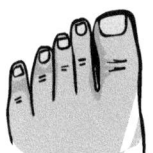

ນິ້ວຕິນ
....
orteil

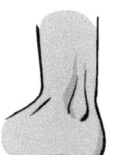

ສົ້ນຕິນ
....
talon

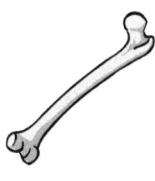

ກະດູກ
....
os

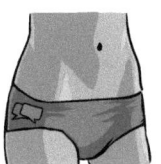

ກະໂພກ
....
hanche

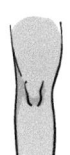

ຫົວເຂົ່າ
....
genou

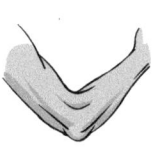

ແຂນສອກ
....
coude

ດັງ
....
nez

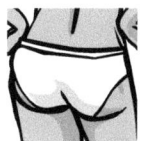

ກົ້ນ
....
fesses

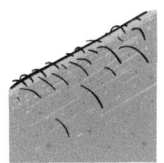

ຜິວໜັງ
....
peau

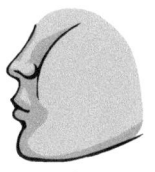

ແກ້ມ
....
joue

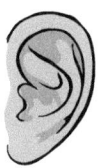

ຫູ
....
oreille

ຣີມສົບ
....
lèvre

ປາກ

bouche

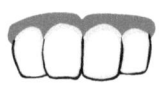

ແຂ້ວ

dent

ລີ້ນ

langue

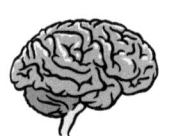

ສະໝອງ

cerveau

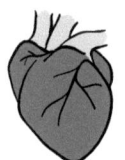

ຫົວໃຈ

cœur

ກ້າມເນື້ອ

muscle

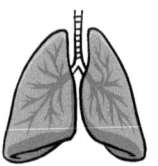

ປອດ

poumons

ຕັບ

foie

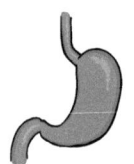

ກະເພາະ

estomac

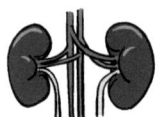

ໄຕ

reins

ເພດສຳພັນ

rapport sexuel

ຖົງຢາງອະນາໄມ

préservatif

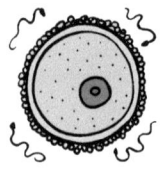

ເຊັລສືບພັນ

ovule

ນ້ຳອະສຸຈິ

sperme

ການຖືພາ

grossesse

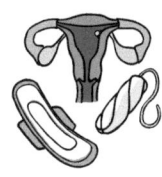

ປະຈຳເດືອນ

menstruation

ຊ່ອງຄອດ

vagin

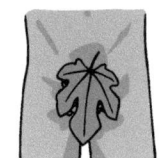

ອະໄວຍະວະເພດຊາຍ

pénis

ຄິ້ວ

sourcil

ເສັ້ນຜົມ

cheveux

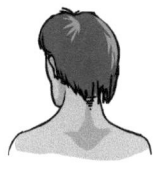

ຄໍ

cou

ໂຮງໝໍ

hôpital

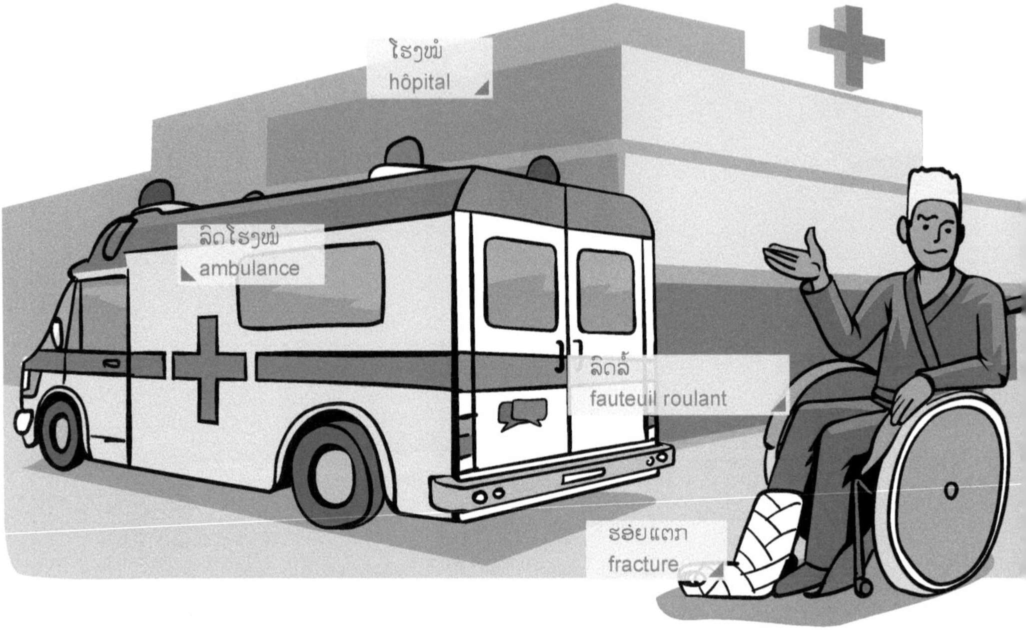

ໂຮງໝໍ
hôpital
ລົດໂຮງໝໍ
ambulance
ລົດລໍ້
fauteuil roulant
ຮອຍແຕກ
fracture

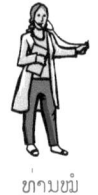

ທ່ານໝໍ

médecin

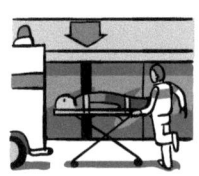

ຫ້ອງສຸກເສີນ

service des urgences

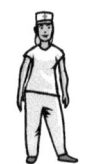

ພະຍາບານ

infirmière

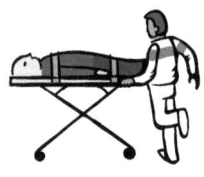

ສຸກເສີນ

urgence

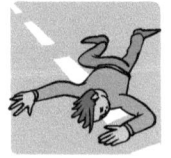

ໝົດສະຕິ

inconscient

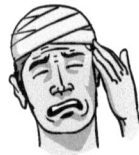

ອາການເຈັບປວດ

douleur

ການບາດເຈັບ

blessure

ເລືອດໄຫຼ

hémorragie

ຫົວໃຈວາຍ

crise cardiaque

ໂຮກຫຼອດເລືອດໃນສະໝອງ

attaque cérébrale

ອາການແພ້

allergie

ໄອ

toux

ໄຂ້

fièvre

ໄຂ້ຫວັດ

grippe

ຖອກທ້ອງ

diarrhée

ເຈັບຫົວ

mal de tête

ໂຮກມະເລງ

cancer

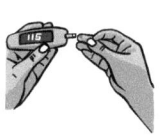

ພະຍາດເບົາຫວານ

diabète

ໝໍຜ່າຕັດ

chirurgien

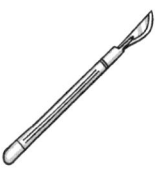

ມີດຜ່າຕັດ

scalpel

ການຜ່າຕັດ

opération

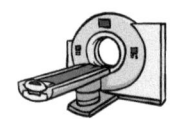

ເຄື່ອງເອັກສະເຣຄອມພິວເຕີ

CT

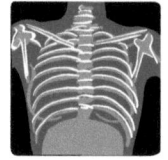

ເອັກຊ໌-ເຣ

radiographie

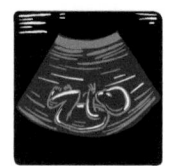

ອູລຕຣາຊາວ (ultrasound)

échographie

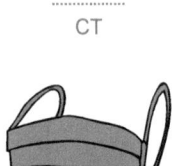

ໜ້າກາກອະນາໄມ

masque

ພະຍາດ

maladie

ຫ້ອງລໍຖ້າ

salle d'attente

ໄມ້ຄ້ຳຂີ້ແຮ້

béquille

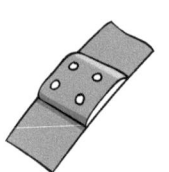

ຜ້າຢາງຕິດບາດ

pansement

ຜ້າພັນແຜ

pansement

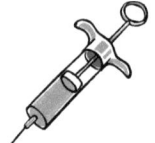

ສັກຢາ

injection

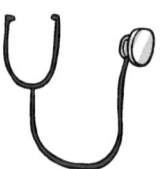

ເຄື່ອງຟັງປອດຫຼືທົວໃຈ

stéthoscope

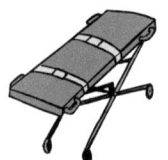

ເປຫາມຄົນເຈັບ

brancard

ບາຫຼອດວັດໄຂ້

thermomètre

ການເກີດ

accouchement

ນ້ຳໜັກເກີນ

surcharge pondérale

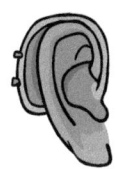

ເຄື່ອງຊ່ວຍຟັງ

appareil auditif

ນ້ຳຢາຂ້າເຊື້ອ

désinfectant

ການຕິດເຊື້ອ

infection

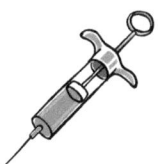

ເຊື້ອໄວຣັສ

virus

HIV / ເອດສ໌

VIH / sida

ຢາ

médicament

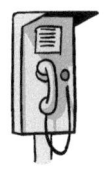

ການສັກວັກຊີນ

vaccination

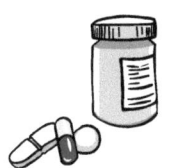

ຢາເມັດ

comprimés

ຢາເມັດ

pilule

ໂທຣອກສຸກເສີນ

appel d'urgence

ເຄື່ອງວັດຄວາມດັນເລືອດ

tensiomètre

ໄຂ້ / ສຸຂະພາບດີ

malade / sain

urgence

ຊ່ອຍດ້ວຍ!

Au secours !

ສັນຍານເຕືອນໄພ

alarme

ການທຳຮ້າຍຮ່າງກາຍ

assaut

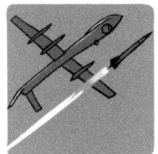

ການໂຈມຕີ

attaque

ອັນຕະລາຍ

danger

ທາງອອກສຸກເສີນ

sortie de secours

ໄຟໄໝ້!

Au feu!

ບັ້ງດັບເພີງ

extincteur

ອຸປະຕິເຫດ

accident

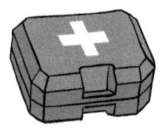

ຊຸດປະຖົມພະຍາບານຂັ້ນຕົ້ນ

trousse de premier secours

ສັນຍານຂໍຄວາມຊ່ອຍເຫຼືອ

SOS

ຕຳຫຼວດ

police

ເອີຣົບ

Europe

ອາເມລິກາເໜືອ

Amérique du Nord

ອາເມລິກາໃຕ້

Amérique du Sud

ອາຟຣິກາ

Afrique

ເອເຊຍ

Asie

ອອສເຕຣເລຍ

Australie

ແອດແລນຕິກ

Océan atlantique

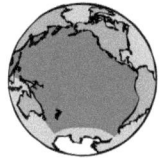

ປາຊີຟິກ

Océan pacifique

ມະຫາສະໝຸດອິນເດຍ

Océan indien

ມະຫາສະໝຸດແອນຕາຣຕິກ

Océan antarctique

ມະຫາສະໝຸດອາກຕິກ

Océan arctique

ຂົ້ວໂລກເໜືອ

pôle nord

ຂົ້ວໂລກໃຕ້

pôle sud

ແອນຕາຕິກາ

Antarctique

ໂລກ

terre

ດິນ

pays

ທະເລ

mer

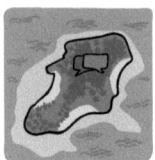

ເກາະ

île

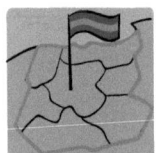

ຊາດ / ປະເທດຊາດ

nation

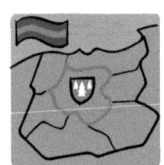

ລັດ

état

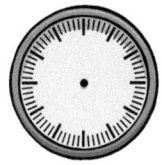

ໜ້າປັດໂມງ

cadran

ເຂັມໂມງ

aiguille des heures

ເຂັມນາທີ

aiguille des minutes

ເຂັມວິນາທີ

aiguille des secondes

ຈັກໂມງແລ້ວ?

Quelle heure est-il ?

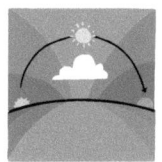

ວັນ

jour

ເວລາ

temps

ຕອນນີ້

maintenant

ໂມງດິຈິຕອລ

montre digitale

ນາທີ

minute

ຊົ່ວໂມງ

heure

semaine

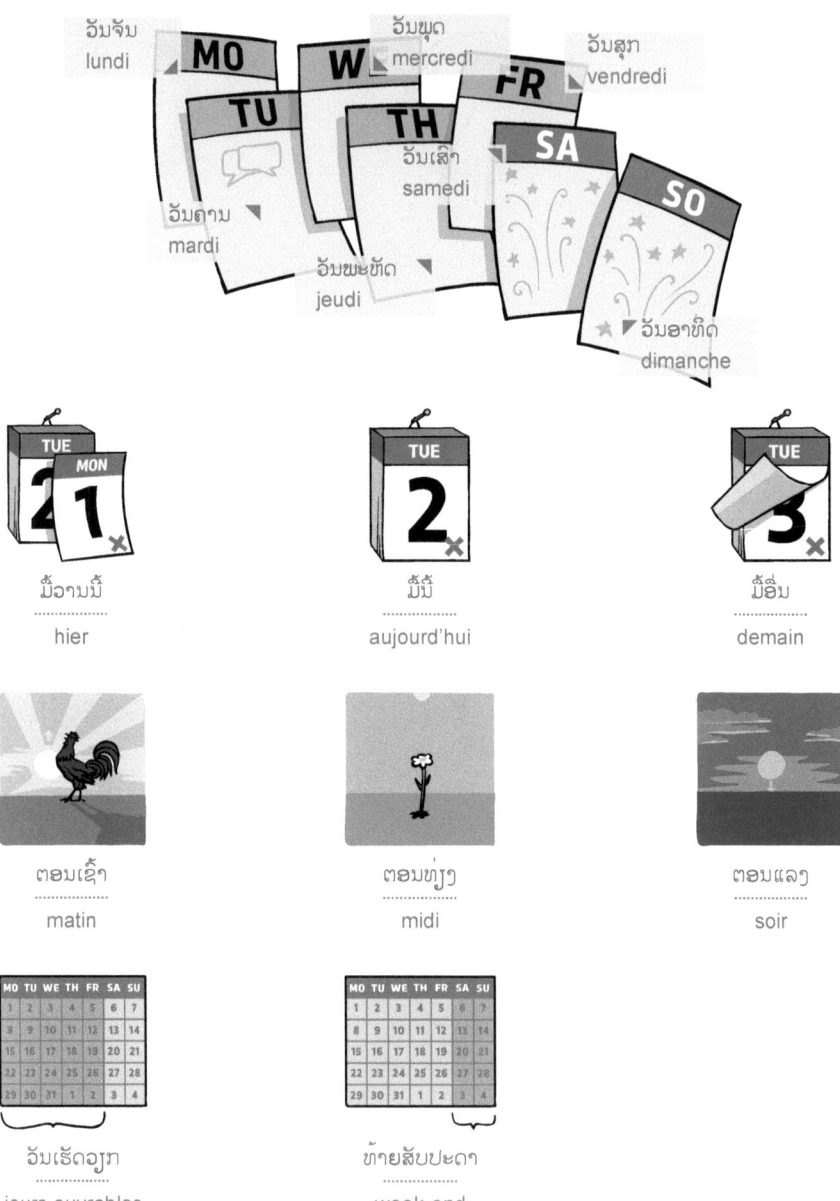

ອັນຈັນ
lundi

ອັນພຸດ
mercredi

ອັນສຸກ
vendredi

ອັນຄານ
mardi

ອັນເສົາ
samedi

ອັນພະຫັດ
jeudi

ອັນອາທິດ
dimanche

ມື້ວານນີ້
hier

ມື້ນີ້
aujourd'hui

ມື້ອື່ນ
demain

ຕອນເຊົ້າ
matin

ຕອນທ່ຽງ
midi

ຕອນແລງ
soir

ອັນເຮັດງ្ออก
jours ouvrables

ທ້າຍສັບປະດາ
week-end

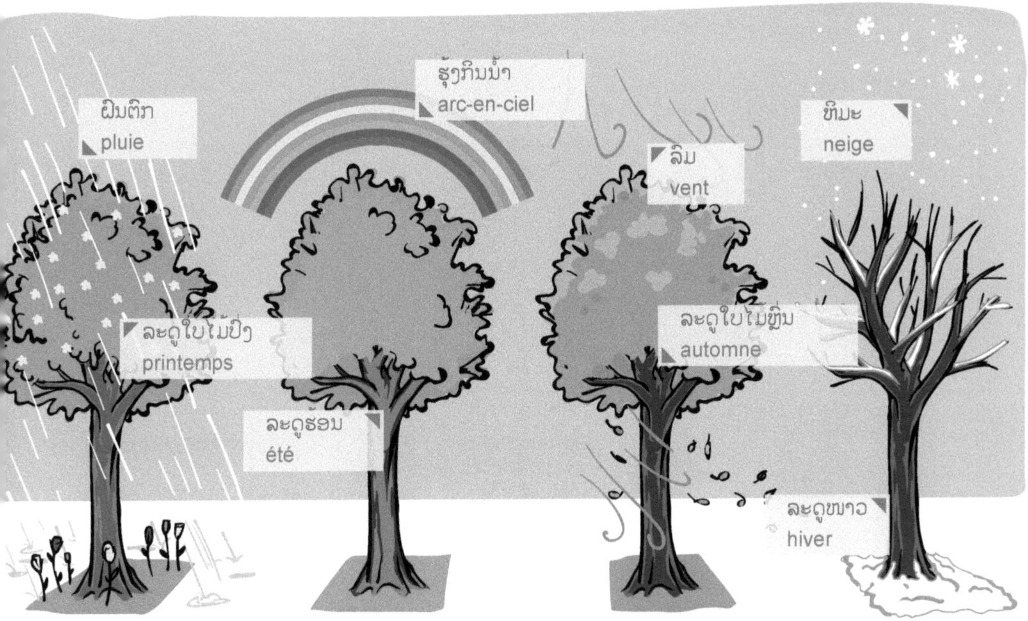

année

ຝົນຕົກ
▶ pluie

ຮຸ້ງກິນນ້ຳ
▶ arc-en-ciel

ລົມ
vent

ຫິມະ
neige

ລະດູໃບໄມ້ປົ່ງ
printemps

ລະດູໃບໄມ້ຫຼົ່ນ
automne

ລະດູຮ້ອນ
été

ລະດູໜາວ
hiver

4.APRIL	11°	☀
5.APRIL	4°	⛅
6.APRIL	13°	⛈
7.APRIL	8°	☀
8.APRIL	10°	☀

ການພະຍາກອນອາກາດ
....
météo

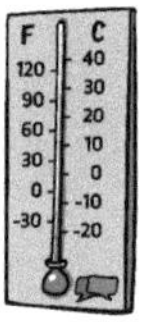

ເຄື່ອງວັດອຸນຫະພູມ
....
thermomètre

ແສງແດດ
....
lumière du soleil

ຂີ້ເຝື້ອ
....
nuage

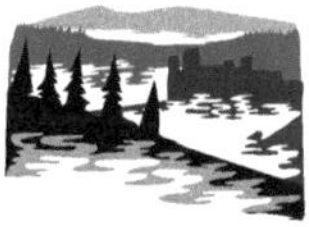

ໝອກ
....
brouillard

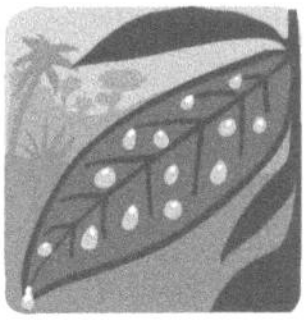

ຄວາມຊຸ່ມ
....
humidité

ສາຍຟ້າແມບ

foudre

ຟ້າຮ້ອງ

tonnerre

ພະຍຸ

tempête

ພາກເຫັບ

grêle

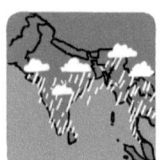

ລົມມໍລະສຸມ

mousson

ນ້ຳຖ້ວມ

inondation

ນ້ຳກ້ອນ

glace

ມັງກອນ

janvier

ກຸມພາ

février

ມີນາ

mars

ເມສາ

avril

ພຶດສະພາ

mai

ມິຖຸນາ

juin

ກໍລະກົດ

juillet

ສິງຫາ

août

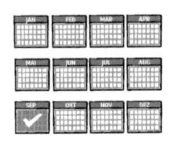

ກັນຍາ
....
septembre

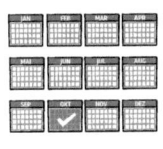

ຕຸລາ
....
octobre

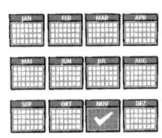

ພະຈິກ
....
novembre

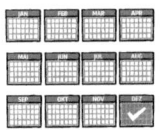

ທັນວາ
....
décembre

ຮູບຮ່າງ
formes

ວົງມົນ
....
cercle

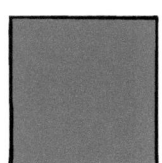

ສີ່ຫຼ່ຽມ
....
carré

ຮູບສີ່ຫຼ່ຽມມຸມສາກ
....
rectangle

ສາມຫຼ່ຽມ
....
triangle

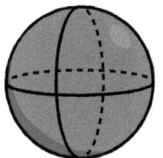

ໝວຍກົມ
....
sphère

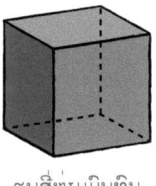

ຮູບສີ່ຫຼ່ຽມມິນທົນ
....
cube

couleurs

ສີຂາວ
....
blanc

ສີເຫຼືອງ
....
jaune

ສີສົ້ມ
....
orange

ສີບົວ
....
rose

ສີແດງ
....
rouge

ສີມ່ວງ
....
violet

ສີຟ້າ
....
bleu

ສີຂຽວ
....
vert

ສີນ້ຳຕານ
....
marron

ສີເທົາ
....
gris

ສີດຳ
....
noir

ຫຼາຍ / ນ້ອຍ

beaucoup / peu

ໃຈຮ້າຍ / ໃຈເຢັນ

fâché / calme

ງາມ / ຂີ້ຮ້າຍ

joli / laid

ການເລີ່ມຕົ້ນ / ການສິ້ນສຸດ

début / fin

ໃຫຍ່ / ນ້ອຍ

grand / petit

ແຈ້ງ / ມືດ

clair / obscure

ນ້ອງຊາຍຫຼືອ້າຍ /
ນ້ອງສາວຫຼືເອື້ອຍ

frère / soeur

ສະອາດ / ເປື້ອນ

propre / sale

ສຳເລັດ / ບໍ່ສຳເລັດ

complet / incomplet

ກາງວັນ / ກາງຄືນ

jour / nuit

ຕາຍ / ມີຊີວິດ

mort / vivant

ກວ້າງ / ແຄບ

large / étroit

ກິນໄດ້ / ກິນບໍ່ໄດ້

comestible / incomestible

ຊົ່ວຮ້າຍ / ໃຈດີ

méchant / gentil

ໜ້າຕື່ນເຕັ້ນ / ໜ້າເບື່ອ

excité / ennuyé

ອ້ວນ / ຈ່ອຍ

gros / mince

ທຳອິດ / ສຸດທ້າຍ

premier / dernier

ເພື່ອນ / ສັດຕູ

ami / ennemi

ເຕັມ / ວ່າງເປົ່າ

plein / vide

ແຂງ / ນຸ້ມ

dur / souple

ໜັກ / ເບົາ

lourd / léger

ຄວາມຫິວ / ຄວາມຫິວນ້ຳ

faim / soif

ໄຂ້ / ສຸຂະພາບດີ

malade / sain

ຜິດກົດໝາຍ / ຖືກກົດໝາຍ

illégal / légal

ສະຫຼາດ / ໂງ່

intelligent / stupide

ຊ້າຍ / ຂວາ

gauche / droite

ໃກ້ / ໄກ

proche / loin

ໃໝ່ / ໃຊ້ແລ້ວ

nouveau / usé

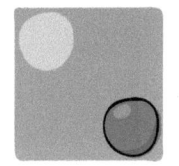

ບໍ່ມີຫຍັງ / ບາງສິ່ງບາງຢ່າງ

rien / quelque chose

ແກ່ / ໜຸ່ມ

vieux / jeune

ເປີດ / ປິດ

marche / arrêt

ເປີດ / ປິດ

ouvert / fermé

ງຽບ / ດັງ

faible / fort

ຮັ່ງມີ / ຍາກຈົນ

riche / pauvre

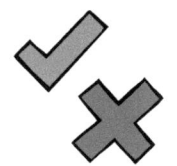

ຖືກ / ຜິດ

correct / incorrect

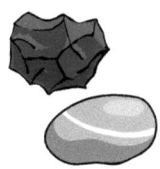

ບໍ່ລຽບ / ລຽບ

rugueux / lisse

ໂສກເສົ້າ / ດີໃຈ

triste / heureux

ສັ້ນ / ຍາວ

court / long

ຊ້າ / ໄວ

lent / rapide

ປຽກ / ແຫ້ງ

mouillé / sec

ອົບອຸ່ນ / ໜາວເຢັນ

chaud / froid

ສົງຄາມ / ສັນຕິພາບ

guerre / paix

0
ສູນ

zéro

1
ໜຶ່ງ

un / une

2
ສອງ

deux

3
ສາມ

trois

4
ສີ່

quatre

5
ຫ້າ

cinq

6
ຫົກ

six

7
ເຈັດ

sept

8
ແປດ

huit

9
ເກົ້າ

neuf

10
ສິບ

dix

11
ສິບເອັດ

onze

12
ສິບສອງ
douze

13
ສິບສາມ
treize

14
ສິບສີ່
quatorze

15
ສິບຫ້າ
quinze

16
ສິບຫົກ
seize

17
ສິບເຈັດ
dix-sept

18
ສິບແປດ
dix-huit

19
ສິບເກົ້າ
dix-neuf

20
ຊາວ
vingt

100
ໜຶ່ງຮ້ອຍ
cent

1.000
ໜຶ່ງພັນ
mille

1.000.000
ໜຶ່ງລ້ານ
million

ພາສາອັງກິດ

anglais

ພາສາອັງກິດແບບອາເມລິກັນ

anglais américain

ພາສາຈີນແມນດາຣິນ

chinois mandarin

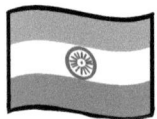

ພາສາຮິນດີ

hindi

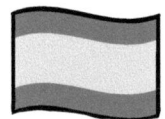

ພາສາສະເປນ

espagnol

ພາສາຝຣັ່ງເສດ

français

ພາສາອາຣັບ

arabe

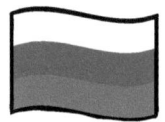

ພາສາຣັດເຊຍ

russe

ພາສາປ໊ອກຕຸຍການ

portugais

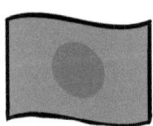

ພາສາແບງກາອລ

bengali

ພາສາເຢຍລະມັນ

allemand

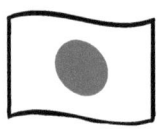

ພາສາຍີ່ປຸ່ນ

japonais

ຂ້ອຍ

je

ເຈົ້າ

tu

ລາວ (ຜູ້ຊາຍ) / ລາວ (ຜູ້ຍິງ) / ມັນ

il / elle / ce, c', cela

ພວກເຮົາ

nous

ພວກເຈົ້າ

vous

ພວກເຮົາ

ils / elles

ໃຜ?

Qui ?

ແມ່ນຫຍັງ?

Quoi ?

ແນວໃດ?

Comment ?

ຢູ່ໃສ?

Où ?

ເມື່ອໃດ?

Quand ?

ຊື່

nom

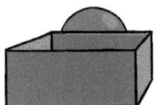

ຢູ່ທາງຫັວ

derrière

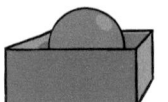

ໃນ

dans

ຢູ່ທາງໜ້າ

devant

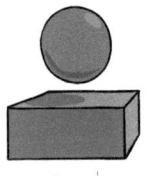

ເໜືອກວ່າ

au-dessus

ຢູ່ເທິງ

sur

ຢູ່ກ້ອງ

en-dessous

ທາງຂ້າງ

à côté de

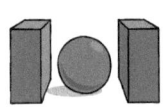

ຢູ່ລະຫວ່າງ

entre

ສະຖານທີ່

lieu